아이디어와 발상, 안목과 관점, 비즈니스맨의 설득력을 다룬 네 권의 책에 이어 이번에는 디지털 시대의 광고카피를 다뤘다. 시대와 호흡하는 감각을 지닌 저자의 투지가 느껴지는 책이다. 새로운 사업을 시작하시는 분, 자신의 제품을 알려야 하는 모든 이들이 참고할 수 있는 구체적 지침서가 되어 줄 것이다.

— **임대기** 대한육상연맹 회장 (전 제일기획 사장)

최근에 눈에 띄는 카피들을 예로 삼아 브랜드별 카피 쓰는 법을 친절하게 알려준다. 실제 집행된 광고를 수정해서 제시하는 이 책은 실전서의 진면목을 보여준다.

— **류도상** 교수 (동서대학교 광고홍보학과)

최일선에 선 사람이 바람의 냄새를 가장 먼저 맡는다. 저자의 문제의식과 관점은 싱싱하고 날카롭다. 꾸미는 시대가 저물었다. 리얼리티의 시대의 눈으로 보면 카피와 메시지의 길이 환하게 보일 것이다.

— **오성수** 상무 (대홍기획 본부장)

멋진 카피를 쓰고 싶어서 유명 카피라이터들이 쓴 책을 읽다 포기한 적이 있다. 이 책을 읽고 다시 카피를 쓰고 싶어졌다. 이 책은 쉬우며, 좋은 카피를 쓸 수 있다는 자신감을 심어준다.

— **박정우** 대표 (디지털 광고회사 애드미션)

숱한 대기업의 마케팅 전략을 구축하고 수많은 제자를 배출한 저자를 나는 감히 한국의 데이비드 오길비라고 말하고 싶다. 디지털 미디어화의 시대, 온라인 콘텐츠 제작에 뛰어든 우리 회사에게도 나침반이 되어 준 책이다.

— **이성모** 대표 (아웃도어&이커머스 부시기획)

오랜 업력이 느껴지는 생생한 현장의 지식을 얻을 수 있다. 날카롭고 직설적이지만 한편으론 마케팅에 목마른 모든 이들의 손을 꽉 잡아주는 따스함이 느껴진다. 저자가 힘써 모은 모든 사례들은 막막한 디지털 시대를 헤쳐나가는 모든 이들의 길잡이가 될 것이다.

— **배선유** 매니저 (롯데자이언츠 마케팅 프로모션)

삶 속에서 족집게로 집어낸 듯한 일상의 인사이트와 책 속에서 끄집어낸 문장을 광고카피로 둔갑시킨다. SNS 소통의 시대. 광고나 마케팅의 입문자, 학생, 직장인 모두에게 친절한 가이드북이 되어 준다.

— **최희용** (네이버 파워블로거 머시블루)

요즘 카피 바이블

동서대학교와 성균관대학교, 부시기획, 애드미션,

롯데 자이언츠, 대홍기획, 호구153, 머시블루와 일하고 있다.

그 내력이 이 책의 바탕이다. 감사의 마음을 전한다.

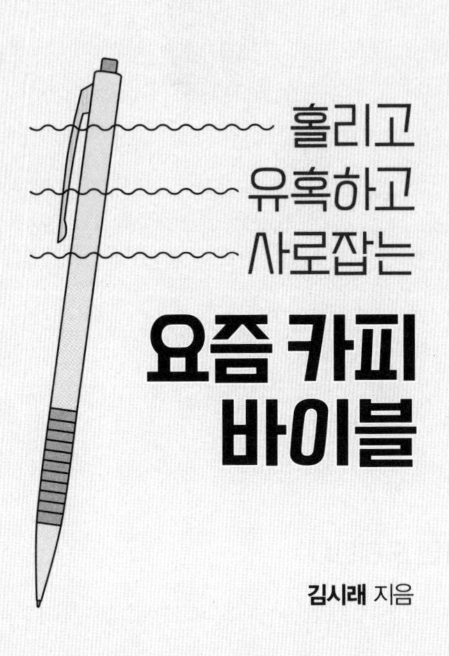

홀리고
유혹하고
사로잡는

요즘 카피 바이블

김시래 지음

스몰빅인사이트
SMALLBIG INSIGHT

익숙하면 도태된다

갈란투스는 겨울부터 이른 봄까지 피는 꽃이다. 이 꽃이 유명해진 것은 프로이센의 비스마르크와 러시아 황제 알렉산드르 2세의 일화 때문이다.

두 사람이 러시아 상트페테르부르크의 여름 별장에서 산책을 하고 있을 때였다. 그들은 하루종일 정원을 왕복하며 갈란투스꽃을 지키는 경비병을 발견했다. 러시아 황제가 경비병에게 꽃을 지키는 이유를 물었지만, 경비병은 오래전부터 그렇게 해왔다는 답만 들려줬다.

이를 의아하게 여긴 비스마르크는 수소문 끝에 100년 전에 일어났던 일을 알게 되었다. 사연인즉, 이른 봄 정원을 산책하던 카트리나 여황제가 눈 속에 핀 아름다운 갈란투스꽃에 반해 누군가 그 꽃을 꺾지 못하도록 경비를 서게 했다는 것이었다.

그 후 갈란투스꽃이 지고 난 뒤에도 경비병들은 관습처럼 밤낮으로 정원을 순찰했다. 다른 이유는 없었다. 그냥 그래 왔으니 그렇게 한 것이다. 그 누구도 자신이 경비를 서는 이유를 궁금해하지 않았다.

이처럼 궁금증과 호기심이 사라지면, 우리에게 남는 것은 맹목과 관습뿐이다. 하루가 다르게 변화하는 디지털 세상의 속도계를 감안한다면, 변화에 대한 둔감함은 죄악이나 다름없다. 당신의 카피는 변해야 한다.

마케팅과 광고의 기본은 팔리는 카피다. 팔리는 문장은 시대와 호흡하기 때문에, 그 시대를 살아가는 사람들의 욕구를 담아내야 한다.

지금 거리의 사람들은 어떤 카피에 마음이 동할까? 인터넷 검색사이트에 널려 있는 배너광고나 소셜미디어에 올라오는 문장들을 꼼꼼히 살펴보자. 아마 어렴풋이 그 해답을 구할 수 있을 것이다.

유행이란, 깃발을 들어 올린 사람을 뒤따르는 이들이 있다는 것을 의미한다. 파도타기 응원에 참여해 보았다면 그 뜻을 이해할 것이다. 파도처럼 밀려오는 큰 흐름에 휩쓸리지 않고 모른 척하기란 쉽지 않다.

카피에도 유행이 있다. 그리고 먹히는 카피를 쓰기 위해선 지금 사람들이 원하는 바를 캐치하고, 그들이 원하는 문장을 만들어낼 수 있어야 한다. 그렇게 만든 한 문장이 사람의 마음을 움직이고, 그들로 하여금 당신의 뒤를 쫓도록 만들 것이다.

인사이트같은 소리 하고 있네!

광고계 여기저기에서 인사이트라는 말이 유행했던 적이 있다. 1971년 잭 트라우트Jack Trout와 알 리스Al Ries가 포지셔닝 이론을 발표한 게 그 시작이었다.

그들 이론의 요지는 간단하다. 마케팅의 실체는 제품이 아니라 인식이라는 것이다. 소비자가 지각하고 있는 품질Perceived Quality이 곧 그 제품의 질Quality이라고 했다. 그러니까 제품의 실체보다 소비자의 인식이 중요하다는 것이다.

남대문 시장에서 살 수 있는 만 오천 원짜리 티셔츠와 오만 원짜리 나이키 티셔츠의 차이는 어디에서 올까? 바로 나이키 로고에 대한 소비자의 인식이다. 다시 말해 브랜드에 대한 소비자의 인식을 바꾸면 제품의 가치가 올라간다는 뜻이다.

자연히 크리에이티브의 힘이 강조되었다. 광고를 잘 만들어 브랜드를 포장하면 소비자들이 그럴싸하다고 생각할 것이라고 믿었다. 광고 하나만 잘 만들어도 사람들의 뇌리에 본드처럼 달라붙는 장수브랜드가 된다고 배웠다.

그 시절의 광고는 단순했다. 신문에 전면 광고가 실리면 화제가 되었고, 9시 저녁 뉴스에 세일 광고가 나가면 다음 날 아침 매장에 사람들이 줄을 섰다.

광고만 잘해도 제품이 팔렸다. 광고대행사에서 일하는 사람들은 뿌듯함을 느꼈고 나도 그 틈에 있었다. 인생이 길어졌으니 보험료가 좀 비싸더라도 1등 기업에 가입하라는 삼성생명 캠페인(인생은 길다), 좋은 기름을 넣으면 차가 뽀빠이 시금치를 먹은 격이니 당신의 인생처럼 잘 나갈 것이라고 노래를 부른 S-Oil 캠페인(잘 나갑니다)은 광고 대상의 트로피를 연이어 안겨주었고, 광고주의 매출도 끌어올렸다.

코레일 캠페인(당신을 보내세요), 네이버 캠페인(카페in), 신라면 캠페인(신이 나면 하자구요), 서울시 정책홍보캠페인(내일연구소)도 같은 선상에서 소비자의 심리가 잘 표현된 광고였다.

하지만 인사이트 광고의 효과는 여전히 유효할까? 최근에 당신의 기억에 남았던 광고를 한번 떠올려 보라. '경제적 자유 못

이루면 100% 환불' (클래스유), '정직한 가격, 독일산 면도날' (와이즐리), '책 한 권 값으로 2만 권을 자유롭게' (밀리의서재).

카피가 몇 차례나 노출되었는지, 소비자의 클릭과 구매까지 모두 추적할 수 있는 지금, 인사이트 광고는 더 이상 과거와 같은 힘을 쓰지 못하고 있다. 여전히 잰체하며 멋진 광고카피를 뽑기 위해 혈안이 되어 있다면 당장 그 일을 그만두어야 한다.

스토리텔링이 그렇게 중요해?

스토리텔링형 광고 또한 뿌리가 깊다. "시속 60마일로 달리는 롤스로이스에서 들리는 가장 큰 소리는 전자시계 소리뿐"이라는 카피의 주인공은 광고의 아버지, 데이비드 오길비David Ogilvy다.

그는 셔츠 광고에서 셔츠의 장점을 말하지 않았다. 곱상한 중년남성이 안대를 한 사진을 싣고 해서웨이 셔츠를 입은 남자The man in the Hathaway shirt라는 문장을 달았다. 그리고 궁금증과 신비감을 풀어낸 바디 카피로 사람들의 머릿속으로 파고들었다.

오길비보다 십 년쯤 선배인 이 방면의 또 다른 대가가 있다. 58년 동안 카피라이터로 활약한 존 케이플즈John Caples다. 그의 피아노 교재 통신 판매 광고는 스토리텔링 광고의 전형이다.

"그들은 나를 보고 웃었습니다. 그러나 내가 피아노를 치기 시작하자!They Laughted When I Sat Down at the Piano. But when I Started to Play!"라는 드라마틱한 카피가 대표적이다.

'사랑에는 돈이 든다Love cost money'라는 문구를 자선기금 모임의 카피로 내세웠던 전설적인 광고인 헬 스테빈스Hal Stebbins도 여기에 결정적인 한 마디를 보탰다. "다른 모든 것은 잊어버려도 좋다. 하지만 이것만은 기억해라. 제품을 움직이려면 사람의 마음을 움직여야 한다는 것을."

광고인들은 제품의 강력한 이미지를 소비자의 마음속에 자리 잡게 하기 위해 제품의 정체성과 소비자의 기대감이 내재된 드라마를 찾았다. 상상력이 가미된 헤드라인과 바디카피는 할머니가 들려준 옛날이야기처럼 백 년이 지난 지금까지 각인되고 기억된다.

그들을 따르던 후배 광고인들은 기승전결로 이루어진 서사적 스토리 기법의 힘을 신봉했다. 마음을 울려야 매출이 따라올 것이라고 굳게 믿었다. 고객과 소비자의 마음에 새겨질 광고카피를 찾아 밤을 지샜다.

그녀의 자전거가 가슴 속으로 들어왔고, 가슴에 둥근 정이 떴고, 가슴이 따뜻한 사람과 만나고 싶어 했다. 빈폴과 초코파이와 맥심커피의 카피는 그렇게 탄생했다.

여전히 광고에서 스토리텔링은 중요하다. 공감하게 하고, 필요성을 느끼게 하며, 오래 기억하도록 만들기 때문이다. 그렇지만 과거처럼 감성에 호소하는 스토리텔링의 시대는 이제 저물어가고 있다. 새 시대엔 새로운 스토리텔링 방법으로 무장해야 한다.

자연미인의 시대

세상이 바뀌었다. 그 중심에 스마트폰이 있다. 개인주의와 코로나가 온 세상을 뒤덮으며 디지털 혁신을 가속화하고 있다.

스마트폰은 세상의 모든 사태를 순식간에 드러내고 전파한다. 길거리의 매장을 방문하는 일 외에 구매를 위한 소비자의 모든 행위는 모두 스마트폰 안에서 이뤄진다. 사람들은 클릭 몇 번으로 제품의 정보를 찾고, 구매하고, 사진과 댓글로 추천한다. 시장이 스마트폰 안에 있다.

코로나는 여기에 기름을 들이부었다. 할아버지까지 동참했다. 손자에게 부탁해서 상거래 앱을 깔아 생선을 주문하고 결제를 하기 시작했다. 스마트폰 안에서 제품을 탐색하고 고르고 결제를 하고 댓글을 달았다.

라이브 쇼핑은 그 결정판이다. 속초 앞바다에서 물고기를 잡아 실시간 상거래 플랫폼에서 판매하는 어부는 생선이 펄펄 뛰는 모습을 보여주며 자연산에 대한 기대감을 고조시켰다.

라이브 방송이 시작하기 세 시간 전 어장으로 배를 몰고 나가 파도가 들이치는 현장을 뱃머리에 서서 중계했다.

소비자가 원하는 것을 실시간으로 알리고, 소비자의 욕구가 반영된 경험을 가감 없이 전달했다.

당신이 SNS에 올리는 문장도 이와 같아야 한다. 제품을 팔기 위한 광고카피는 물론이다.

이제, 과장된 스토리텔링으로 점철된 이야기는 외면받거나 의심받는다. 게다가 SNS는 순식간에 공유되고 순식간에 뿌려진다. 속전속결로 구매 의사가 이뤄지는 것이다. 빙빙 돌아가는 화법으로 미사여구를 늘어놓다간 윙크도 한번 못 해보고 문전박대를 당하는 신세가 된다.

P&G CEO 에이지 래플리A.G. Lafley는 이렇게 말했다. "소비자들이 실질적으로 브랜드를 소유하는 것은 물론 뭔가를 창출하기 시작했다." 디지털 지구촌을 정보의 민주주의 시대, 소비자 주권의 시대라고 정의한 것이다.

그렇다면 덧붙이거나 왜곡하지 말고 우리가 의도하는 메시지를 그들 앞에 자연스럽게 놓아야 한다. 제일기획 유정근 사장도 거리를 걷는 사람들이 이 시대의 진정한 크리에이터라며 광고대행사 집단이 그들에게 배워야 할 것이라고 고백했다.

꾸미는 기술의 시대가 저물고 있다. 빅스타나 셀럽이 보여주는 덧칠이나 과장의 기술이 사라지고 있다. 생활 속에서 누구나 경험하는 일상을 실시간으로 전하는 크리에이터와 인플루언서의 세상이 되었다.

'내돈내산', 'OOTD'와 같은 키워드가 이와 같은 변화를 대변한다. 인플루언서들이 직접 사용한 물건, 오늘 입은 옷 등 자연스러운 것에 고객들이 움직이기 시작했다. 있는 그대로의 자연스러움으로 승부해야 한다. 기업의 마케팅전략도 마찬가지다.

마음 가는 대로 따라가라

리얼리티의 시대다. 맨얼굴로 나서려면 우선 당신의 제품이 좋아야 한다. 실체의 시대라는 점을 명심해라. '떠~억!'이라는 현수막을 걸은 떡집이 맛집이 된 것은 카피가 아니라 맛 때문이었다.

좋지 않은 소문이 빨리 퍼지는 법이다. 분당에 있는 어느 미용실은 '머릴 못하는 집'이라고 간판을 걸어 눈길을 잡았다. 그 집에 고객의 발길이 끊긴 것은 간판 때문이 아니었다. 진짜 머리를 못했기 때문이었다. 기본적인 품질조차 되지 않으면서, 카피에 목을 매는 것은 바보 같은 짓이라는 걸 기억하자.

두 번째 포인트는 고객들이 제품을 만나는 접점이다. 매장과 패키지 등이 그곳이다. 구매가 이뤄지는 곳이기 때문에 영향력이 크다. 그러나 그곳이 길거리라고 생각하면 오산이다. 옴니채널이니 플랫폼이니 해서 스마트폰 안에 매장과 점원이 있다.

메타버스의 공간에서는 당신의 취향과 기호가 반영된 당신의 아바타가 가상의 거래를 수행한다. 그러니 마케팅의 세 번째 격전장은 온라인이다. 24시간 고객의 손에 들려있는 스마트폰에 점포를 세우고 광고를 올리고 댓글 창을 달아야 한다. 직접적인 성과를 일궈내는 키워드 검색광고SA와 배너광고DA를 설계해야 한다. 이들은 유튜브에 올라갈 브랜딩 광고와 연결되어 고객의 행동을 이끌어 낸다.

당신의 문장과 카피는 즉각적인 효과를 기대하는 관객들에게 곧바로 전송되어 반응을 끌어낸다. TV광고시대의 화법에서 벗어나라. 폼 잡고 멋부리며 변죽을 울리면 무플과 악플에 시달릴 것이다.

상도동 중앙대학교 후문에 닭도리탕으로 유명한 계림 닭도리탕집이 있다. '곧 60년'이라는 카피가 눈에 띄었다. '곧'이라고 토를 단 것에 유의해라. 1번 테이블 벽 쪽에 걸린 문장을 보자. '맛있으면 이웃에게 알리고 맛없으면 주인에게 알려주세요'.

카피는 쓰는 사람의 마음이 전해지는 통로다. 주인에게 칼국

수 면을 여기서 뽑은 것이냐고 물어봤다. 마스크를 쓴 그녀는 아무렇지도 않게 "칼국수를 제일 잘하는 집에서 가져왔어요"라고 대답했다. 쿨했다. 자연스럽기 때문이었다.

카피는 멋이 아니라 맛이다. 우리 모두는 발가벗겨져 있는 세상에 살고 있다. 자연스러운 카피는 솔직해서 진실에 가까운 글이다. 상대를 위하는 마음이 담긴 글이다.

서점에 가서 베스트셀러들의 제목을 훑어보자. 《여자 둘이 살고 있습니다》, 《하마터면 열심히 살 뻔했다》, 《죽고 싶지만 떡볶이는 먹고 싶어》. 마음속에 담은 내용 그대로를 자연스럽게 풀어냈다. 어떻게 보면 자신들의 내면을 툭툭 던지듯이 표현해서 상상력의 여지마저 남긴다.

강연자가 하는 말도 마찬가지다. 김창옥이란 유명 강사가 자신의 강연은 전문의학이 아닌 '민간요법' 수준이라고 했다. 들어보니 그게 아니었다. 그의 말과 표정은 단순하고 쉬웠다. 있는 그대로의 담백함으로 가득했다. 내용에 기교를 덧칠하지 않아 내용이 빛난 것이다.

당신의 SNS 속 문장도 그래야 한다. 소비자의 클릭을 유도하고 그들의 지갑을 열어 돈과 맞바꿀 광고 속 카피라면 두말할 나위가 없다. 당신의 주장과 제품에 때를 입히지 마라. 글의 기교보다 방향과 관점에 집중해라.

자연스럽게 걸어 들어가는 글쓰기

이 책은 디지털의 열풍 속에서 실용과 실질의 관점으로 문장과 카피를 다룬 최초의 광고 입문서다. 디지털과 코로나가 몰고 온 실용의 시대를 맞은 당신의 문장과 카피에 대한 안내서다.

자연스러움이 반영된 문체는 어떤 것일까? 과도한 스토리텔링을 자제하고 말하고 싶은 내용에 집중하는 것이다. 자연스럽게 있는 그대로를 알려라. SNS의 문장이라면 군더더기 없이 깔끔하게 사건 그대로를 과장하지 않고 알리면 된다.

제품이나 서비스의 장점을 드러내야 할 광고카피라면 당신이 내세울 솔루션이나 해결방안부터 진솔하게 꺼내면 된다. '먹다 보니 주량이 두 배로 늘었어요!' 술 좋아하는 친구가 극찬한 어느 소주의 광고카피다.

누구나 문장가가 되고 누구나 카피라이터가 되는 세상이다. 기업의 광고 홍보 담당자, 중소상인과 스타트업을 꿈꾸는 분들, 마케팅과 광고 전공 학생들에게 실용의 시대를 연 디지털 시대의 카피의 작성법을 알린다. 말하려는 진의를 간결하고 위트 있는 문장으로 표현해 SNS 친구들에게 호감을 얻는 방법도 포함했다.

문장에도 카피에도 트렌드가 있다. 자연스럽게 써라. 덧칠하지 말고 그대로 전해라. 생각을 따라가며 물 흐르듯이 옮기고 해결 방법을 단도직입으로 밝혀라. 소비자는 피곤하고 바쁜 사람들이다. 자연스럽게 걸어오는 문장에 눈이 가고 귀를 기울일 것이다.

나는 광고계의 최전선에서 일했다. 누구보다도 광고에 대해 오래 고민하고, 많은 경험을 했다고 자신한다. 그러나 문장과 카피는 이제 전문가의 소유물이 아니다. 이제는 누구라도 카피라이터가 될 수 있는 세상이다. 다만 그들에게 필요한 건 높은 곳에서 트렌드를 전망하는 시선이다. 높게 나는 새가 멀리 보고 먹이와 보금자리를 쉽게 구할 것이다.

대행사와 대학과 기업과 공기관에서 일하며, 네 권의 책과 7년간 칼럼을 이어오고 있는 이력과 경험은 시대에 걸맞은 글쓰기의 방향성을 제시하리라고 믿는다. 사례와 체크리스트와 트레이닝법을 제시해서 고인 물에서 생수가 흐르는 강가로 안내할 것이다. 지난 몇 년간 생각하고 모으고 정리한 구체적인 방법론이 제시될 것이다.

다만 분명히 밝혀둔다. 이 책에 언급한 사례와 가이드라인은 틀과 꼴일 뿐 여러분이 고민하는 과제를 풀어 줄 문장과 글을 만드는 것, 즉 알을 부화하는 것은 여러분 자신이다.

뒷부분에 마련된 문장력을 높이고 카피력을 키우는 방법을 통해 필력을 다지시기 바란다. 만약 고민하고 있는 문제를 몇 가지 대안을 작성해서 메일을 통해 의논해오면 반갑게 의견을 들려줄 것이다.

책의 틀을 잡아주고 문장까지 보태준 백운호 편집자님께 깊은 감사를 드린다. 원고를 주고받으며 많이 배웠다. 그가 다시 소설을 시작하라는 아내의 따뜻한 마음을 받아들였으면 한다.

차례

6장 카피 라이팅 실습 10가지

1장

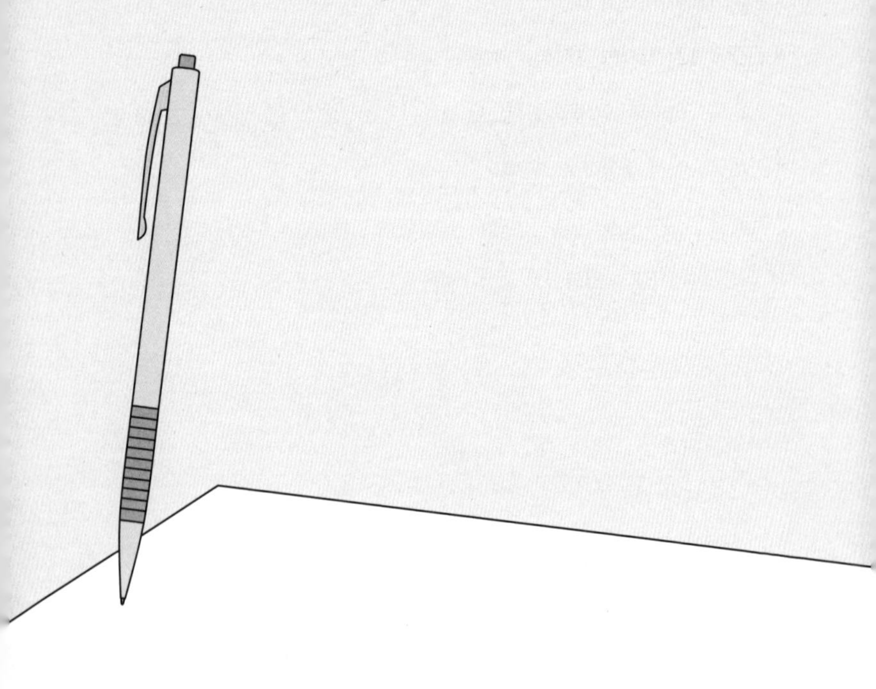

인사이트의 종말

1

고민하면 뒤처진다

스마트폰이 불러온 변화

마케팅, 브랜딩, 애드버타이징…. 이 단어들이 현재 진행형으로 쓰이는 까닭은 무엇일까? 마케팅이나 광고 모두 지금 이 시대를 살아가는 사람의 마음을 움직이는 일이기 때문이다.

카피도 마찬가지다. 디지털 시대의 카피 스타일을 알아야 사람을 모으고 가치를 높이는 카피라이팅이 가능하다.

디지털의 각박함과 코로나의 피곤함과 개인주의의 파편화가 만연한 세상이다. 선진국으로 진입했다지만 경쟁과 갈등의 양상은 더욱 심화되고 있다. 이제 사람들은 작위적인 스토리텔링보다 꾸미지 않고 자연스럽게 풀어낸 이야기를 찾게 될 것이다.

마케팅은 트렌드의 산물이다. 트렌드는 비즈니스에 직접적인 영향을 미친다. 가격 부담을 합리적으로 해결하는 구독 경제와 소유보다 공유, 경험의 가치가 이슈로 떠오르는 것도 디지털 테크라는 시대적 흐름과 깊은 관련이 있다.

수요자와 공급자를 매칭시키는 플랫폼 비즈니스가 업계의 블루칩이 되고 있는 것도 주시해야 한다. 코로나는 쿠팡과 배달의 민족, 넷플릭스와 웨이브, 무신사와 마켓컬리, 당근마켓과 그립 같은 플랫폼 기업들을 비즈니스의 강자로 키웠다.

여기에 가장 큰 영향력을 행사하는 것은 당신의 손에 들린 스마트폰이다. 소비자는 상점에 갈 필요 없이 정보를 얻고 곧바로 주문하고 결제한다. 스마트폰은 고객의 반응을 실시간으로 모아 소비자의 구매 행동을 데이터로 전환한다.

광고가 던지는 메시지도 코로나의 비대면 라이프 스타일에 편승한다. 칼스버그 광고를 보자. '집에 있는 시간이 길어질수록 즐길 수 있는 것들이 더 소중해지죠'라며 멋진 외국 남자배우가 소비자에게 말을 건다. 시간의 소중함을 깨달았다면 칼스버그와 함께하라는 뜻이다.

The new K3 자동차 광고에서는 캠핑을 가서 재택 근무하는 상황을 그린다. '잘할 수 있다면 어디든 상관없지. 나만의 완생을 위해'라며 개성적 삶을 추구하는 MZ의 특성을 코로나와 접목시켜 제품의 멀티풀한 기능을 녹여냈다.

광고의 표현법이 바뀐 만큼 광고의 도구도 크게 변화했다. 광고가 구매로 곧바로 연결되는 성과 연동형 광고Performance AD가 그것이다. 키워드 광고Search AD, 배너 광고Display AD는 현재 폭풍 성장 중이다.

이제 광고 회사는 "광고 효과를 수치로 입증하라"는 광고주의 요청에 "물론이죠!"라고 대답할 수 있게 되었다.

인터넷의 시곗바늘은 바쁘게 돌아가고 경쟁은 살벌하다. 광고 인지도와 선호도를 높여 브랜드 자산을 쌓아 제품을 팔겠다는 한가한 소리를 하면 퇴물이 된다. 제품의 특징을 부각시켜 클릭과 구매로 직결해야 한다.

이에 따라 단도직입의 편익형 카피가 대세가 되었다. 배고픈 사자에게 먹이를 던져 주듯 제품의 진가를 그대로 전하면 된다. 개학을 맞아 70% 세일 행사를 한다면 '코로나로 지친 학생들을 위해 마련한'이란 겉치레는 생략하고 '봄방학 맞이 세일 70%!'라고 특종 사건을 전하는 뉴스의 헤드라인 같은 문장을 써야만 한다.

물론 부작용도 있다. 망망대해의 인터넷은 규제의 손길이 미칠 수 없는 곳이 많다. 구석구석에 과장과 허위광고가 넘친다. 지금 당장 SNS나 인터넷 포탈 사이트에 들어가 보자. '나 말고 아무도 못 가져, 염산 테러한 전남친 프러포즈…', '부자 스님, 여대생에게 72억 주며 요구한 것…', '63억 로또', '땅굴서 나온 187억, 전 국민에 나눠 준다' 등등 눈살을 찌푸리게 하는 자극적인 카피들이 눈에 띌 것이다.

소비자들이 온라인 광고를 불신하는 것은 당연하다. GroupM은 〈디지털 마케팅의 소비자 신뢰〉라는 보고서에 23개국의 1만 4,000명의 소비자를 대상으로 한 설문조사 결과를 발표했다.

보고서는 조사 대상자 중 절반 이상(56%)이 자신의 데이터에 대한 통제를 원하며, TV광고가 디지털 형식보다 브랜드에 더 긍정적인 인상을 준다고 밝혔다. 64%는 부적절한 콘텐츠 옆에 메시지가 있는 브랜드에 대해 부정적인 의견을 가지고 있고 37%에 이르는 소비자가 디지털 광고가 거슬린다고 대답했다.

그러나 이런 수치에 현혹되면 안 된다. 많은 소비자들이 온라인 광고에 불만을 품고 있음에도 불구하고, 결국 요즘 팔리는 물건들은 온라인에서 격전하고 있다. 점잔을 빼며 물러서 있다가는 결국 아무것도 팔지 못하고 손가락만 빨게 될 것이다. 물건을 팔고 싶다면, 가장 먼저 사람들이 몰린 곳으로 찾아가야 한다. 바로 온라인이다.

더불어 이런 광고에는 많은 비용도 필요치 않다. 과거의 광고는 TV광고, 신문지면, 옥외광고, 버스광고 등에 한정되어 있었다. 그렇기에 광고를 집행하기 위해선 큰 비용을 들여야만 했다. 영세한 기업이나, 소상공인들에겐 감히 꿈도 꿀 수 없는 일이었다.

온라인 광고는 다르다. 당신이 옷 가게를 운영한다면, 당근마켓에 당신의 가게를 광고할 수 있다. 당신의 가게 주변에 머무는 사람들이 네이버에서 옷을 검색할 때, 당신의 가게가 노출되도록 할 수 있다.

이렇게 광고하는 데 필요한 비용은 고작해야 클릭당 몇백 원에 불과하다. 아직도 길거리에서 전단지를 뿌리며 당신의 가게를 홍보하고 있는가? 이제 시대의 흐름에 편승해야 할 때다.

이미지는 사라지고 실체만 남았다

제일기획에서 일했을 때다. S-Oil의 '좋은 기름 캠페인'이 터져 '좋은 기름이니까'라는 노래가 여기저기서 흘러나오던 시절이었다.

광고주의 초청으로 뮤지컬 〈캣츠〉를 관람하게 되었다. 사장님과 본부장과 팀장인 내가 함께 초대됐다. 무안한 일은 인터미션 시간에 일어났다.

우리는 차를 마시며 오리지널이라 역시 연출과 연기가 다르다고 환담을 나누고 있었다. 그러나 틀린 것은 우리였다. 빗자루와 대걸레를 들고 지나가던 두 분의 청소부 아주머니가 "이번 팀은 미국이 아니라 호주에서 온 팀이래. 관객들 반응이 별로라면서?"라며 재를 뿌렸던 것이다.

우리는 서둘러 입장했다. 상황은 바뀌어 있었다. 그렇게 대단해 보이던 가수의 연기도, 노래도, 무대 장치도 엉성했다. 청소부 아주머니의 말 한마디가 우리의 머릿속을 뒤흔들었다.

설득과 선택의 세상은 4 곱하기 4는 16이라는 사실의 세계가 아니다. 인식이 작동하는 이미지의 세계다. 세계 최고의 광고제가 열리는 프랑스 칸에서도 유사한 경험을 한 적이 있다.

칸 옆에 고흐가 살던 아를 지방을 관광하는 버스 관광 투어에 참여했을 때다. 그가 살던 동네를 걸으며 그림의 배경이 된 2층 하숙방과 카페를 둘러보았다.

그가 좌절과 방황의 나날을 보낸 곳이라 흥미로웠지만 전날의 숙취로 만사가 귀찮았다. 휴식을 위해 먼저 버스에 오르려 했을 때였다. 인솔 가이드가 "이 술이 바로 그 유명한 압생트 보드카입니다. 고흐가 별 헤는 밤을 그릴 때 마신 그 술이지요"라고 말한 것이다.

나는 버스에서 내렸다. 그리고 그들의 자리에 슬며시 끼어들어 시음의 차례를 다소곳이 기다렸다. 당신이라면 속이 쓰리다고 고흐가 마신 술을 지나칠 것인가. 마신 것은 독한 보드카가 아니다. 별 헤는 밤의 이미지다. 귀를 자른 천재 화가의 스토리다.

이처럼 스토리텔링 기법은 기승전결의 이야기를 통해 상징적 이미지를 만든다. 당신의 가방에 붙은 유명 브랜드가 하는 일도 그것이다. 나이키의 스워시 로고는 승리의 이미지다. 상표를 떼면 남대문 시장의 물건이 된다. 승리의 이미지가 사라지기 때문이다.

스마트폰이 없는 시대는 인식이 마케팅의 게임을 주도했다. 그야말로 불변의 법칙이었다. 제품에 이야기를 입혀 전달하면 팔렸다. 그러나 이제 천지가 개벽했다.

스마트폰이 손에 들려있다면 뮤지컬 캣츠의 해프닝은 없었다. 압생트의 신비감도 그렇게 매력적이지 않았을 것이다. 디지털 시대의 소비자는 실질적 기능과 편리함을 원한다. 순식간에 실체가 드러나는 세상이 온 것이다.

욕구를 채워주고 혜택을 제시하라

마케팅은 말 그대로 마켓을 움직이는 일이다. 마켓은 어디에 있는가? 남대문이 아니다. 사람의 머릿속이다. 브랜딩은 공장에서 출시된 제품을 소비자의 머릿속으로 집어넣는 일이다.

그래서 광고카피는 사람의 마음을 훔치는 일이라고 생각하던 시절이 있었다. 그때 광고인들은 소비자의 내면 깊은 곳에 숨겨진 또 다른 마음이 있다며 흥분했다. 그걸 잘 들여다보면 광고주가 원하는 크리에이티브가 발견된다고 믿었다.

인사이트insight라는 말이 태어났고 좋은 광고는 인사이트가 돋보이는 광고라는 등식이 통했다. TV와 신문이 미디어의 주인공이었던 시대였다. 광고를 잘 만들면 물건이 팔렸다. 제품의 실체와 가치를 확인할 수 있는 유일한 방법이 광고였기 때문이다.

이제 세상이 바뀌었다. 모든 이들의 손에 스마트폰이 들려있다. 사람들은 스마트폰 화면 속에 갇혀버렸다. 광고인들은 인사이트란 말 대신 퍼포먼스와 바이럴이란 말을 주로 쓴다. 하나는 두말하지 않고 물건을 팔겠다는 뜻이고 다른 하나는 화제의 중심이 되어 댓글과 인증샷을 끌어내겠다는 의미다.

첫 번째부터 살펴보자. 스마트폰은 제품과 서비스의 정보나 가치를 순식간에 드러낸다. 검색이나 사용자의 댓글을 통해서다. 애견 사료를 예로 들자면, 그 제품이 반려견의 비만을 막아주는지, 비타민은 얼마나 들었는지, 가격은 얼마인지, 사은품은 무엇인지, 할인되는 카드는 없는지, 언제 도착하는지, 반품은 되는지를 클릭 몇 번이면 곧바로 알 수 있다.

미사여구가 통할 리가 없다. 고객이 만족할 만한 솔루션을 곧바로 알려주면 승패가 결정된다. 소비자의 욕구와 제품의 혜택을 자연스럽게 직접 연결시키는 카피가 필요해진 까닭이다.

비대면 세탁 서비스 '런드리고'는 40% 수준을 넘어가는 1인 가구 시장을 내다봤다. 세탁기, 건조기, 건조대 공간을 두고 2시간씩 걸려 빨래를 직접 하기보단, 한 달에 5만 원 정도를 주고 빨래에서 벗어나려는 사람들에게 전하는 짧지만, 혜택으로 가득 찬 메시지를 찾았다. 그들의 카피는 '빨래말고 영화, 빨래말고 쇼핑'이다.

생산성을 향상하기 위해선 청소 시간도 줄여야 한다. 양동이에 물을 받아서 하던 자동차 세차를 전문업체의 대형 기계가 물려받았듯이 청소연구소는 청소대행을 생활 패턴처럼 쓰기 시작한 사람들을 겨눈다. 그들의 카피는 단순하다. '내 집처럼 꼼꼼하게'다. 대행하듯이 하지 않겠다는 말이다.

패션 플랫폼 29CM를 살펴보자. 일방적이고 요란한 문장이 없다. 제품 자체를 있는 그대로 보여주고 단정하지만 정성스런 소개 글을 간략하게 달아놓았다. 감각적인 영상과 디자인으로 자신들이 하고 싶은 말이 아니라 고객이 알고 싶은 정보를 과장 없이 전한다. 디지털 시대의 광고카피는 짜내고 짜내 엑기스만 남은 순도 높은 문장이어야 한다.

뉴스가 되면 알아서 퍼진다

지식은 구글에 널려 있다. 승부는 세상 어디에도 없는 아이디어다. 재미있게도 과거의 낡은 광고를 답습하는 기업과 공공기관도, 거창한 분석과 미사여구가 아닌 솔루션을 원한다. 프레젠테이션이 15분 내외로 줄고 있는 이유도 그 때문이다.

회사 내의 분위기도 바뀌었다. 상사가 원하는 것은 구체적 해결방안이다. 협의와 합의를 거친 뒤 한시바삐 회의장에서 벗어나고 싶어 한다. 신변잡기나 오늘의 날씨 등의 이야기로 서두를 꺼낸다면 짜증만 유발할 것이다.

내가 몸담은 대학의 학생들은 교수님의 시시한 농담이 사라져서 온라인 강의가 더 좋다고 고백했다. 광고카피는 극도로 정리된 문장이어야 한다. 상대방이 원하는 솔루션을 간결하고 쉽게 전해야 한다.

남원에서 지리산 홍보 활성화 세미나가 열렸을 때다. 한국생산성본부가 주최하는 행사로 지리산 주변 7개 군에서 관광문화를 담당하는 35명의 실무진이 모였다.

지리산은 내가 해마다 들르는 곳이다. 19번 국도를 거슬러 오르는 하동 백릿길, 숲과 내가 우거진 뱀사골의 풍광, 장엄한 화엄사와 수려한 쌍계사의 사계는 피곤에 지친 심신을 달래기에 더없이 좋은 관광 자원이다.

그러나 지리산으로 들어가는 교통 요지인 남원의 인구는 줄고 있고 관광객도 예전만 못하다고 했다. 홍보 담당자들은 춘향이와 이몽룡의 사랑 이야기를 현대적인 스토리텔링으로 발전시켜 보겠다고 했다. 드라마나 웹툰으로 만들어 도시 젊은이들의 관심을 끌면 이들이 광한루로 몰릴 것이란 계산이었다.

어불성설이었다. 그들은 디지털이 몰고 온 변화를 체감하지 못하고 있는 듯 보였다. 나는 도대체 성춘향과 이몽룡이 어느 시대 사람인지 아느냐고 되물었다. 음식이 맛있어야 담는 그릇도 이뻐 보이는 법이다. 나는 무주의 향로산 정상에 로봇 태권브이 조형물을 설치하겠다는 어느 지자체의 발상이 차라리 더 효과적일 것이라고 조언했다.

스토리텔링의 시대는 지나가고 뉴스의 시대가 왔다. 그러니 차라리 지리산의 풍광과 먹거리를 담은 100개의 짧은 동영상을 공모해서 유튜브에 올리자고 제안했다. 세상은 발가벗겨졌다. 작위와 과장과 허위는 통하지 않는다.

재미나 감동의 스토리로 광고 선호를 높여 제품을 팔겠다는 생각을 버려라. 디지털 세계에선 소비자의 즉각적인 반응을 끌어내는 콘텐츠 마케팅이 가장 유효하다.

광고계의 이슈가 키워드 검색광고나 배너광고를 활용한 행동유발형 광고로 바뀌는 것도 이 때문이다. 24시간 손에 쥐고 있는 스마트폰은 허구의 스토리를 무용지물로 만든다. 길거리를 걸어 다니는 소비자가 인플루언서이고 크리에이터다. 그들이 진짜 셀럽이고 정보의 개혁가들이다.

짧고 빠르게 파고들어라

제품이나 서비스를 뉴스로 만들어야 한다. 뉴스는 길거리를 돌아다니며 자연스럽게 전파된다. 자발성 때문이다. 제품 자체가 화제를 일으킬 힘이 있어야 한다. 광고 콘텐츠는 단순하고 짧게 만들어야 한다.

시간을 잡아먹는 콘텐츠는 죄악이다. 엄청난 성장세를 보이는 틱톡은 15초다. 유튜브, 인스타그램도 쇼츠, 릴스와 같은 짧은 콘텐츠에 주력하고 있다. 이들이 이와 같은 짧은 영상들에 주목하는 이유는 간단하다. 소비자들이 짧은 것을 좋아하기 때문이다. 연출의 귀재 나영석 PD가 5분짜리 프로그램을 만든 이유도 마찬가지다.

소비자가 원하는 혜택만 남기고 군더더기는 덜어내라. 광고를 사건을 싣는 뉴스처럼 만들어라. 이것이 지리산 살리기를 원하는 그들에게 수백 살 먹은 성춘향 이야기는 접어두고 100개의 지리산 동영상을 있는 그대로 만들어 보자고 한 이유다.

경기도청의 정책 홍보 공모전 심사 때였다. '청년들이 면접을 볼 때 면접비를 지원하는 정책에 관한 홍보아이디어'가 과제였다.

세 업체의 프레젠테이션이 있었다. 첫 번째 업체의 프레젠터는 도입부에 대한민국 청년들이 겪고 있는 좌절을 깊게 설명했다. 이 프로젝트의 대의적 명분을 앞세워 관계자들의 공감을 사려는 듯했다. 직접 청년들을 찾아내서 그들의 입장을 담아낸 동영상 인터뷰는 정성과 노력을 잘 전달했다.

취업시장의 비좁은 관문을 뚫기 위한 젊은이들의 노력을 일기장을 활용한 감성적 스토리텔링을 통해 평가자들의 공감과 감정을 유도했다. 하지만 심사위원들의 표정은 점점 바뀌어 갔다. 포장술이 지나친 것이다. 그래서 뭘 어쩔 거냐는 물음이었다. 공모 주제는 낙담하고 있는 대한민국의 젊은이가 아니고 면접비를 주는 경기도의 홍보아이디어였다.

무게추가 앞으로 기울어 정작 기대했던 솔루션은 빈약해져 용두사미가 돼버렸다. 게다가 자신들의 주장을 강조하기 위해 아전인수격의 통계를 인용하기도 했다. 모든 이의 손에 순식간에 진위여부를 가려낼 스마트폰이 들려있다는 사실을 간과했다.

감동적인 도입부로 기대를 모은 그 업체는 결국 수주에 실패했다. 승자는 마지막 팀이었다. 놀랍게도 이들은 솔루션을 먼저 보여주었다. 그리고 그런 아이디어를 생각해 낸 이유를 설명했다. 거두절미와 단도직입의 화법으로 뻔한 분석보다 상대가 듣고 싶어 하는 이야기를 전진 배치했다.

마지막엔 자신들의 아이디어가 선택되면 진행할 구체적 실행 계획서를 세부 일정표와 함께 제시했다. 마지막 프레젠테이션이니만큼 역순으로 목차를 정해 남들과 중복되는 지루함도 덜고 담백한 자신감도 보탠 듯했다.

주어진 시간을 약간 앞당겨 마친 그들의 프레젠테이션에 높은 점수가 주어진 것은 당연했다. 한 평가자는 핵심을 먼저 건드린 아이디어도 돋보였지만 솔루션을 간결하고 담백하게 전달한 점을 높이 샀다고 밝혔다. 거듭 말하지만 당신의 카피도 그래야 한다.

거칠어도 생생한 게 먹힌다

수원 팔달문, 좁은 골목 안 만두 전문점 '연밀'은 이 집의 베스트셀러 호박 만두와 삼치 만두를 맛보려는 맛집 탐방가들로 왁자지껄했다.

군만두와 짬뽕 국물을 함께 주문했다. 짬뽕 국물은 없고 '가닥탕'이라는 만두국 국물이 나왔다. 계란탕에 좁쌀 같은 수제

비가 들어있는 모양새가 영 땡기질 않아, 괜히 왔다는 볼멘소리만 나왔다.

술잔이 몇 순배 돌자 그곳으로 일행을 인도한 대학 동기가 참았다는 듯 쏘아붙였다. 트렌드니 뭐니 떠드는 광고쟁이가 편식이 웬 말이냐는 것이었다. 혀끝의 미각이야말로 가장 예민한 감각이고 음식의 변천사가 얼마나 심오한데 먹어보지도 않고 불평만 늘어놓느냐고 몰아붙였다. 먹어나 보고 된장찌개로 돌아가든, 김치찌개를 고집하든 하라는 것이었다.

나는 친구가 들이민 접시에서 만두 한 쪽을 집어 먹었다. 생전 처음 느껴 본 맛이었다. 호박이 들어찬 만두는 신맛이 돌았지만 푸근했고, 삼치 만두는 담백하고 고소한 풍미가 느껴졌다. 그가 만족스런 표정으로 한마디를 덧붙였다. "네가 먹는 게 바로 너야!"

그가 말하고 싶은 미식의 가치가 그대로 전해졌다. 자신의 의도를 한 마디로 간결하게 축약시킨 문장이었다. 새로운 시대의 스토리는 화려한 미사여구나 때깔 나게 잘 다듬어진 문장이 아니다. 간결하되 펄펄 뛰는 생선 같은 날것의 문장이다.

불신과 경계의 경쟁사회에서 화려한 미사여구는 오히려 독이 된다. 군더더기 없이 깔끔하게 핵심 아이디어만 드러낸 글과 말이 주목받는다.

모두 알 만한 이야기를 길게 늘어놓는다면 그들은 '번데기 앞에서 주름 좀 그만 잡으시고 결론을 말해 보라구요. 구글에 나와 있는 뻔한 이야기는 그만하시고! 나는 바쁘다구요!'라고 생각할 것이다.

간결하게 압축된 문장이 좋다. 입을 막고 거리를 두며 소통하는 시대다. 이성적이고 객관적인 상황은 이전보다 단순하고 쉬운 기호와 메시지를 선호하게 한다. 페북보다 인스타나 틱톡에 열광하고 내돈내산(내 돈 주고 내가 산)이나 꾸안꾸(꾸민 듯 안 꾸민 듯)같이 줄임말이 유행하는 것도 그런 이유다.

서설을 생략하고 본론으로 직행해라. 당신의 화법은 덕지덕지 분칠하지 않은 자연미인을 닮아야 한다. 과도한 스토리텔링을 자제해야 뼈대가 드러나서 솔루션이 빛날 수 있다.

2

낡은 카피, 신선한 카피

어떻게 전달할 것인가

그렇다고 광고카피에서 스토리텔링의 역할이 완전히 사라진 것은 아니다. 프랑스의 작가 크리스티앙 살몽Christian Salmon은 스토리텔링이란 '이야기를 만들어 정신을 포맷하는 장치'라고 정의하기도 했다. 상징화된 스토리는 사람들에게 오랫동안 기억될 뿐 아니라 행동과 감정에 영향을 미친다.

요컨대 각인 효과와 정서적 유대감이다. 네슬레에서 마케팅을 총괄한 클로테르 라파이유Clotaire Rapaille는 책 《컬처 코드Culture Code》에서 각인Imprinting에 대해 '우리의 경험에 감정을 더한 것'이라고 정의했다. 경험적 스토리에 감정을 더해야 설득의 최고

수준에 도달한다는 것이었다.

수많은 광고들이 쏟아져 나오고, 사람들은 그 모든 광고들을 기억하지 못한다. 사람들의 기억에 남기 위해선 그들의 경험과 광고를 연결하여 드라마틱한 구조를 만들어내야 한다.

우선 기초적인 스토리텔링형 문장을 만드는 방법부터 살펴보자. 첫 번째는 색채나 소리, 향기, 촉감 등 오감을 활용해서 대상의 모습, 형태, 의미를 그림 그리듯 묘사하는 방법이다.

사랑을 배반한 상대에 대한 복수심을 드라마 작가 김수현은 '널 부숴버릴 거야'라고 표현했다. '사랑은 움직이는 거야', '당신을 감탄합니다' 등의 광고카피도 같은 사례다.

두 번째는 속담이나 격언, 유명인의 연설 등 널리 알려진 사실이나 개념을 차용하는 방법이다. 대교약졸(매우 공교한 솜씨는 서투른 것처럼 보인다), 줄탁동시(안팎으로 도와야 일이 완성된다) 등은 광고인들이 자신들의 광고 전략을 설명할 때 입버릇처럼 인용하는 사자성어다. '고마해라, 마이 묵었다 아이가', '난 참 바보처럼 살았군요'와 같이 영화나 유행가 속에서 찾아 경우에 맞게 대입하기도 한다. 이미 사람들의 머릿속에 자리 잡았기 때문에 그만큼 쉽게 동의를 구할 수 있다.

세 번째는 친숙한 상징물로 대체해서 설명하는 방식이다. '꽃 피는 계절에 일만 아는 바보들아', '흔들리지 않고 피는 꽃이 어디 있으라' 같은 표현은 일에 대한 열정, 시련에 대한 극복 의지를 바보, 꽃과 같은 상징어를 차용해서 전달하려는 원래 의도를 드러낸다.

네 번째는 은유나 비유를 통한 문학적 표현 방식이다. 언어의 이중적 의미나 대상에 인성을 부여해서 표현하는 방식이다.

주인공이 스님과 산사에서 산책을 하며 이야기를 나누다, 이런 순간만큼은 핸드폰을 '잠시 꺼두셔도 좋습니다'라고 주장하는 SK텔레콤의 광고나 기업의 심볼 마크인 자전거를 알리기 위해 '그녀의 자전거가 내 가슴 속으로 들어 왔다'는 카피를 사용한 빈폴 광고 등이 있다. 스토리텔링은 설득의 포장술로 늘 유용하다. 단, 호랑이 담배 피던 시절의 화법 그대로라면 곤란하다.

새롭게 이야기하라

인간 세상의 모든 사물과 사건엔 수천만 가지의 이야기가 존재한다. 허진호 감독은 그의 영화 〈봄날은 간다〉에서 사랑을 대하는 남녀의 입장을 '라면 먹고 갈래?'와 '사랑이 어떻게 변하니'라는 은유적 대사로 함축했다.

스토리텔링은 삶의 현장에서도 상대를 설득할 중요한 무기가 된다. 기승전결의 서사적 연결고리로 인상 깊은 공감을 이끌어내는 스토리텔링이 상대에게 강한 인상을 심어주려면 남다른 관점이 중심에 자리 잡고 있어야 한다. 그래야 전체의 내용이 매력적으로 살아난다.

그 관점이 뼈대가 되어 살을 붙인 것이 스토리다. 들어보지 못한 독특한 관점인데 생각해보면 왠지 수긍이 가야 한다.

핸드폰만 있으면 하버드대학의 논문도 찾아낼 수 있는 세상이다. 경쟁자도 비슷한 수준의 자료는 손쉽게 손에 넣을 수 있다. 승부처는 그들과는 다른 솔루션을 만들어내는 단계다.

데이터나 정보의 지식이 아니라 자신만의 독창적인 아이디어가 필요하다. 비슷한 자료에서 자신만의 해석력이 발휘돼야 가능하다. 남다른 의미와 관점이 담긴 콘텐츠가 사람을 모으고 가치를 높여 사람들의 지갑을 열어젖힌다.

스토리텔링은 맥락Context을 바꾼 콘텐츠Content로 상대와 접촉Contact하는 일이다. 보편적으로 널려 있는 데이터나 정보를 바탕으로 차별적인 관점을 만드는 과정이다.

이 과정의 핵심은 기존 정보와 연聯결된 새로운 개념이나 이미지想를 만드는 일, 즉 연상력聯想力이다. 어린 시절 자주 부르던 '맛있는 건 바나나 바나나는 길어, 길은 건 기차~'라는 동요를 떠올려보자. 연상이란 바나나에서 기차를 떠올리는 일이다.

'보다See'는 안구의 기능만을 이야기하는 것이 아니다. 보는 것은 간을 볼 수도, 시장을 볼 수도, 욕을 볼 수도 있다.

제임스 카메룬은 그의 영화 〈아바타〉에서 사랑Love보다 더 위대한 'SEE'의 관점을 선보였다. 'I See You'라고 했던 것이다.

손을 쳐다보라. 자판을 두드리는 당신의 손은 바쁜 손이다. 관점을 바꿔보자. 가족이 지켜본다면 수고하는 손이고 안쓰러운 손이 된다. 또 다른 손들이 있다. 떠먹는 손, 헤어지기 싫은 손, 만지고 싶은 손, 그리워하는 손, 페이지를 넘기는 손, 화장실의 손, 가슴 아파하는 손, 재회하는 손, 움켜잡은 손들이 있다.

당신은 몇 개의 손을 가지고 있는가. 생각의 용적을 늘려야 한다. 재료가 풍부하다면 음식의 가짓수도 많아질 것이다. 우리가 관점을 키우기 위해 인문을 공부해야만 하는 까닭이다.

인문은 세상사 다양한 경우의 수를 조망하는 것이다. 우주에서 지구를 바라본 사람만이 미물에 불과한 티끌 같은 인간의 존재를 운운할 수 있을 것이다.

여기 한 점點이 있다. 무엇으로 보이는가? 부모의 눈에는 아이의 옷에 묻은 얼룩으로 보이고 잠실야구장의 청소원에게는 껌딱지로 보인다. 사격장을 나온 예비군에겐 사격 표지판으로 보인다. 그러나 위대한 지구 과학자 칼 세이건Carl Sagan은 우주에서 바라본 지구를 '창백한 푸른 점Pale Blue Dot'이라고 불러 인간의 자기중심적 과신을 경계했다.

'우리의 기쁨과 슬픔, 숭상되는 수천의 종교, 이데올로기, 경제이론, 사냥꾼, 약탈자, 영웅과 겁쟁이, 문명의 창조자와 파괴자, 왕과 농민, 서로 사랑하는 남녀와 부모님, 앞날이 촉망되는 아이들, 발명가와 개척자, 윤리 도덕의 교사들, 부패한 정치가, 슈퍼스타, 초인적 지도자, 성자와 죄인' 등 인류가 반복한 하찮고 보잘것없는 역사의 총합을 이 한마디로 응축시켰다.

당신의 관점과 당신의 문장은 당신을 닮는다. 새로운 관점을 얻고 싶다면 인문학적인 시선을 먼저 공부해야만 한다.

여기 사과가 있다. 어떤 생각이 떠오르는가? 화가 폴 세잔이 그린 사과에는 원근의 소실점이 없다. 그는 전체적인 입장에서 대상을 묘사하지 않았다. 그에게 사과는 개별성의 사과다.

식물학자에게 사과는 어떤 의미일까? 그는 물과 비료를 주고 공기를 살펴 사과의 성장을 관찰하고 기록한다. 토양과 기후의 조건이 사과의 성장에 미치는 영향을 따질 것이다. 식물학자의 사과는 생명의 기원이요 성장의 비밀이다.

일본 아오모리현 농부의 사과는 또 다른 사과다. 어느 해 태풍이 들어 열 개 중에 아홉 개가 땅으로 떨어졌다. 그것을 퇴비로 썼을까? 이웃에게 나눠줬을까? 그 농부는 발상력이 뛰어났다. 떨어지지 않은 사과를 보고 시험에 떨어지지 않는다는 생각을 떠올렸다. 그는 매달린 사과에 '합격사과'라고 이름을 붙여 손해를 만회했다. 농부의 사과는 새로운 관점의 사과인 동시에 생존의 사과다.

세상엔 지구의 사람 수만큼의 관점이 있다. 유니크한 관점이 살아있다면 이야기가 길더라도 머릿속에 강하게 자리 잡게 된다.

오늘의 사건을 활용하라

코로나 시대를 힘들게 건너가는 우리네 모습을 다시 한번 진하게 느낀 것은 3호선 녹번역 승강 안전문 앞이었다. 유리문 위엔 '멀리 가려면 물러서는 법을 알아야 해'라고 쓰여 있었다.

지금의 환란이 환경의 소중함을 깨달아 지구촌에 든든한 방어막을 두르는 계기가 될 것이란 희망의 메시지로 읽혔다. 이처럼 실제 마주친 사건들은 크건 작건 자연스러운 공감을 얻는다.

현장 속에 진실이 있다. 일상에서 겪는 이야기는 소소하지만 누구에게나 벌어질 확률이 높다. 문제는 남다르면서도 공감되는 관점을 발견하는 일이다. 사건의 핵심은 시대의 시선이고 생활의 발견이다.

당신에게 이번 가을은 어떤 의미였는가. 낙엽일 수도 철 지난 호숫가일 수도 있다. 모네의 수련이 떠올라 가을을 인생의 수

련기라고 표현했거나, 피카소의 〈늙은 기타수〉를 떠올리며 가을을 인생의 조락과 비유했다면 수준급이 된다.

그런데 최근 어느 학생이 내게 가을을 주역, 점을 보는 계절이라고 대답했다. 가을이 되면 승진이든 합격이든 누구나 불안해진다고, 그래서 용한 점집 앞에 줄을 선다고 했다. 덧붙인 그의 한 마디는 이랬다. "교수님 댁이 미아리 지나 길음동이시죠? 가을만 되면 그곳에 사람들 줄 서는 거 못 보셨어요?" A+를 거머쥔 그의 결정타였다.

시대의 시선을 담아내면 카피의 수준이 달라진다. 가을이 지긋지긋한 마스크가 된다. 원래 마스크는 추운 겨울 보온용이나 감기 예방용이었지만, 중국에서 황사가 몰려오더니 먼지를 막는 수단이 되었다. 독일의 한 치과의사는 마스크에 혓바닥을 그려 넣었다. 이를 뽑는 아이의 공포를 막는 아이디어다. 코로나 시대엔 세균을 차단해서 목숨을 지켜주는 생활필수품이 되었다.

KF94는 차단력의 마스크다. 일하는 사람을 위한 끈 없는 마스크나 외모를 감안한 연예인 마스크도 있다. 입 냄새를 막기 위해 향기를 코팅한 마스크도, 초등학교 학생들의 얼굴 파악이 안 되어 마스트 겉에 학생의 이름을 표기할 수 있는 마스크도 나왔다.

마케터의 연상력은 70억의 인구만큼이나 다양한 관점이 있다는 믿음에서 출발한다. 먼지처럼 쌓여있는 선입견과 돌처럼 굳어진 고정관념에서 벗어나야 한다.

그들의 욕망을 들려줘라

인간은 자신의 생존과 행복을 위해 산다. 기본적으로 이기적이다. 타인을 배려하는 것도 자신의 이해득실에 도움이 되기 때문이다. 그런 관점으로 보면 자본주의를 살아가는 모든 이들은 결국 자신의 행복을 보장받고 키우기 위해 산다.

주식도 마찬가지다. 남이 아닌 자신의 미래를 위한 투자다. 삼성증권은 '내일의 나를 위해'라고 표현했다. 가전으로 가보자. 가전제품은 실제 생활의 편리함을 위해 구매하지만 자신의 개성이 반영된 물건이기도 하다. 삼성전자는 가전을 자신의 개성과 라이프스타일을 담는 그릇으로 규정했다. 그들의 카피는 '가전을 나답게'다.

에이스침대도 그런 관점을 취했다. 좋은 잠이 좋은 나를 만든다며 곧바로 연결했다. '좋은 잠이 쌓인다. 좋은 나를 만든다'라고 했다. '나'라고 하지 않더라도 인간의 이기심을 활용하면 관심과 이목을 끌 수 있다. 그리고 우리는 누구나 더 나은 내일을 위해 변화를 꿈꾼다.

이런 인식을 IKEA는 간단하게 정리했다. '새삶스럽게'라는 카피가 그것이다. 젊은이들의 약속장소가 된 올리브영도 마찬가지다. 우리는 누구나 젊게 살기를 소망한다. 그래서 이름도 올리브영 'All Live Young'이다.

관점을 구체적으로 제시하라

슬프다는 감정을 어떻게 공감시킬까? "내 안에 슬픔이 가득해요. 당신에게 위로받지 않으면 눈물이 쏟아질 것 같습니다"라고 말해 볼까?

아니다. 이것은 그저 슬픔이란 개념을 설명하는 데 불과하다. 상대방은 무표정할 것이다.

공감 능력에 관한 한, 두 부류의 사람이 있다. 한 부류는 어떤 주제에 관해 이야기를 하는데 그걸 말하지 않고도 그 속으로 한없이 빠져들게 하는 사람이다. 다른 부류는 주제를 반복해서 말해서 뭘 말하는지는 알겠는데 그 속으로 빠져들게 만들지는 못하는 사람이다.

말하자면 '슬프다'라는 말을 끊임없이 반복하는데 그 슬픔이 절절하게 다가오지 않는 것이다. 감정은 개념이 아니라 상황과 행위로 전달된다. 소설가 김연수도 그의 책《우리가 보낸 순간》에서 사랑에 대해 공감시키려면 사랑에 대해 쓰지 말고 연인과 함께 걸었던 길, 먹었던 음식, 봤던 영화에 대해 쓰라고 했다.

기다림에 대해 말해보자. 기다리는 시간은 지루한 순간이지만 사랑하는 사람들에겐 애틋한 감정이 싹트는 시간이다. 그 느낌을 어떻게 설득력 있게 전달할 수 있을까? '네가 오기로 한 그 자리, 내가 미리 와 있는 이곳에서 문을 열고 들어오는 모든 사람이 너였다가 너였다가, 너일 것이었다가 다시 문이 닫힌다.' (시 〈너를 기다리는 동안〉, 황지우)

시인은 기다리는 마음에 대해 '너였다가 너였다가, 너일 것이었다가 다시 문이 닫힌다'고 했다. 기다리는 사람의 심리를 현장에서 목격하며 중계 방송하듯이 보여줌으로써 그 감정을 공감시킨다.

철학자들도 자신들의 골치 아픈 개념을 설명하기 위해 마찬가지의 방법을 쓴다.

장자가 경청에 대해 무엇이라고 했을까? '상대의 말에 온몸으로 응답해야 한다. 경청은 귀로만 하는 것이 아니라 눈으로도 하고, 입으로도 하고, 손으로도 하는 것이다. 몸짓과 눈빛으로 반응을 보이고 상대에게 진정으로 귀 기울이고 있다는 신호를 온몸으로 보내야 한다'라고 했을까? 천만의 말씀이다.

그는 이렇게 상황을 묘사했다. '음악 소리는 텅 빈 구멍에서 흘러나온다. 악기나 종은 속이 비어 있기 때문에 공명이 이루어져 좋은 소리를 내게 된다. 사람의 경우도 마찬가지다. 마음을 텅 비우면 사람에게서 참된 소리가 생겨난다. 마음을 비울 때 비로소 우리는 상대방과 대화할 준비가 된다. 그러면 대화 속에서 진실의 목소리를 듣게 된다.'

텅 빈 공명에서 나오는 소리가 좋은 악기의 소리라는 비유를 통해 편견 없는 마음으로 타인의 목소리에 귀를 기울이는 것이 경청이라고 말하고 있다.

공감은 구체적인 상황이 공유될 때 가능하다. "세계를 여행하며 견문을 넓혔습니다"라는 말은 매력적이지 않지만, 유발 하라리가 《호모 사피엔스》에서 언급했듯이 "유럽과 그리스 문명의 현장을 몸으로 확인하며 역사 발전의 필연성에 대한 인사이트를 얻었습니다"라고 말하면 그럴듯해진다. 구체적으로 명시된 진술이 마음을 움직이는 것이다.

고객의 지갑을 열어야 하는 영업 현장의 판매원이라고 다르지 않다. "이 제품의 사용자가 많이 늘어나고 있습니다"라고 말하면 곤란하다. "삼성전자 반도체 부문 대표이사님도 지난주 저희 노트북 신제품을 구매하시며 가볍고 배터리 소모량이 적어서 좋다고 했습니다"라고 말해야 한다.

구체적인 정보가 모여 서사적 맥락을 이루는 순간 당신의 이야기는 상대의 머릿속으로 들어가 설득의 화룡점정이 된다. 못 믿겠다면 테스트해 보라. "오늘 점심 햄버거 어떠세요?"라고 말하지 말고 "겉이 바삭바삭하게 구워진 촉촉한 빵에 싱싱한 양상추, 토마토, 거기에 부드러운 소고기 패티가 들어간 햄버거 어떠세요?"라고 팀장에게 제안해 보라는 이야기다.

그들이 퍼트리게 만들어라

스마트폰 속 광고 속에도 이야기의 힘이 작용한다. 댓글과 인증샷을 유도해야 하기 때문이다.

구체적 사건의 스토리는 뉴스가 되어 소비자를 홍보의 전도사로 만든다. 언더아머를 보자. 나이키와 아디다스를 뛰어넘기 위해 와일드한 광고와 카피를 사용하다 보니 남자들만 사용할 것 같은 이미지가 지나치게 강해졌다. 여성들의 호감을 이끌어내기 위해 언더아머는 어떤 캠페인을 벌였을까? '여자분도 우리 브랜드를 많이 사용합니다'라고 했을까?

그들은 일방적인 주장을 피했다. 대신 사건을 설계해서 여성들의 자발적인 참여를 끌어냈다. 처음 광고는 발레리나가 사회적 편견을 이겨내는 콘텐츠였다. 미스티 코플랜드가 주인공이다.

13살의 그녀는 발레 아카데미에 불합격했다. 신체 구조도 발레에 적합하지 않고, 발레를 시작하기엔 나이가 많다는 이유였다. 하지만 광고 속의 그녀는 화려한 테크닉의 멋진 연기와 함께 끝없는 노력을 보여준다.

문제는 그녀가 발레리나로서는 생각하기 힘든 흑인이었다는 점이다. 그녀의 이야기는 사람들의 SNS를 통해 빠르게 공유되었다.

언더아머는 멈추지 않고 두 번째 캠페인을 벌였다. 그 두 번째 주인공은 바로 톱모델 지젤 번천이었다. 미국에서 가장 잘 나가는 패션모델이었던 그녀가 운동복을 입고 권투를 하며 샌드백을 치는 모습은 소비자들에게 낯선 기분을 느끼게 했다.

'삶에서 가장 소중한 것들은 그냥 얻어지는 것이 아니죠. 그것은 바로 쟁취하는 것입니다. 우리는 우리가 원하는 것을 이룰 수 있습니다'라는 카피가 영상과 함께 이어졌다.

사람들은 실시간으로 댓글을 달았다. 이 캠페인은 단지 운동선수를 소재로 하는 영상이 아니고 여성의 역할과 관련된 사회적 이슈를 창출했다. 그들은 결국 스포츠웨어브랜드 2위로 올라설 수 있었다.

또 하나의 캠페인은 볼보다. 그들도 사건을 일으켜 소비자의 해시태그를 끌어냈다. 슈퍼볼이 벌어지는 시간에 노출되는 광고는 비싸기로 유명하다. 뭔가 사람들의 관심을 끌어들일 사건이 필요했다.

그들은 다른 자동차에 대한 시청자들의 관심을 훔치기로 했다. 다른 자동차회사의 광고가 나올 때마다 시청자가 좋아하는 사람의 이름을 트위터 멘션으로 작성하고 볼보 해시태그를 달아서 보내면 경품행사에 참여시켰다.

슈퍼볼 경기 중 렉서스와 벤츠의 광고가 나올 때마다 트위터는 볼보의 해시태그로 가득 찼다. 이제 광고는 제품의 면모를 그대로 전하거나 스토리를 만들어 댓글을 모으거나 둘 중 하나다. 어느 쪽이든 사람이 개를 물어야 한다. 그래야 뉴스가 된다. 이제 사람들의 스마트폰 속으로 퍼져나가기 시작할 것이다.

2장

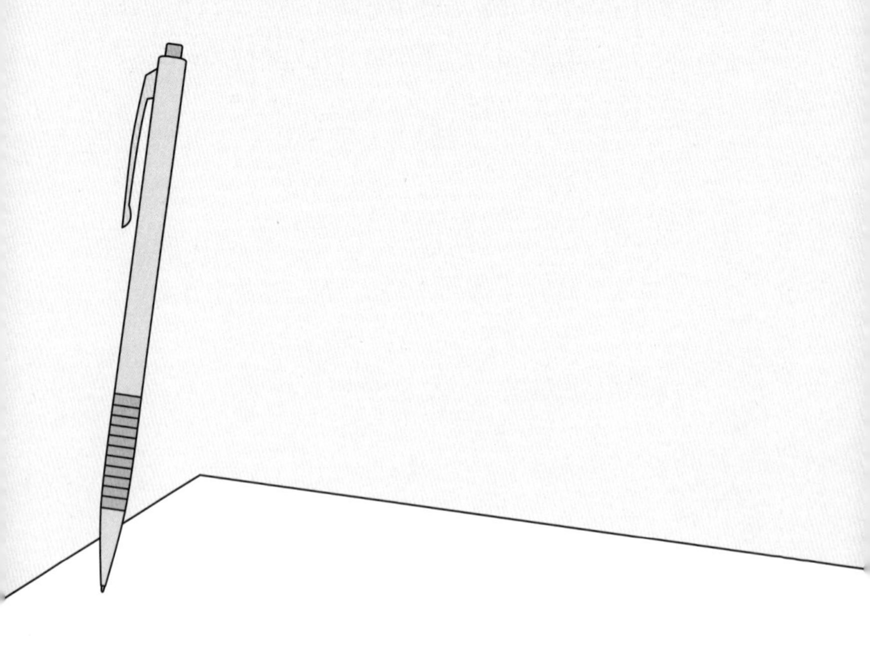

새로운 관점을 제시하라

1 ▼

관점을 바꾸면 새로워진다

조금만 틀어도 달라진다

서오릉 산책에서 돌아오는 길, 하늘을 향해 솟은 앙상한 나뭇가지를 쳐다보며 후배가 말했다. "사실 나무는 잎이 뿌리인 셈이죠. 광합성의 관점으로 보면 가지에 앙상하게 붙은 잎새가 가지와 나무와 뿌리를 지탱시키는 근원이니까요."

신선했다. 새로운 관점이었다. 이처럼 말과 글은 하거나 쓰는 사람의 생각을 품는다. 광고카피를 쓴다는 것은 그걸 조리 있게 드러내고 동의를 얻는 일이다. 따라서 카피의 중심엔 그만의 독특한 관점이 자리 잡아야 한다. 자신의 문체로 전하는 것은 다음 문제다.

짧거나 길게 쓰는 것, 혹은 운율에 맞춰 리듬감을 살리거나 담백하게 쓰는 것 등은 단지 수단에 불과하다.

무엇을 말할지 먼저 생각하라

문체나 장르는 관점을 전달하는 방법일 뿐이다. 카피의 출발은 자신만의 관점이다. 관점은 추론과 연상의 단계를 거쳐 글로 표현된다. 표현하는 대상을 분석하고 해석하며, 그 결과를 가지고 자신만의 관점을 뽑아 표현하는 것이다.

이번에도 손을 통해 연상을 시도해 보자. 가장 먼저 떠오르는 손은 무엇인가? 부모님의 손을 떠올려 보자. 세월의 흔적이 패인 주름마다 가득한 손이다. 야한 잡지를 넘기는 청소년의 손을 연상해보자. 호기심과 기대감으로 가득한 치기 어린 손이다. 자판을 두드리거나 마우스를 움직이고 있다면 디지털 시대의 바쁜 손이다. 공부를 하고 있거나 리포트를 쓰는 손도 있을 것이다.

사랑하는 사람의 손도 제각각이다. 버스 승강장에서 서로 헤어지기 싫어 부여잡고 있는 연인을 지켜본 적이 있다. 안타까움의 손이었다. 그렇다면 이산가족 상봉을 마치고 헤어질 때 버스 창가에서 흔드는 손은 또 어떨까. 이는 회한과 미련이 가득한 아련한 손일 것이다. 헤어지는 손과 재회하는 손은 또 다르다. 부둥켜안는 손, 부여잡는 손이다. 이처럼 수십만 가지의 손이 있다.

모든 사물은 다양한 관점을 내포한다. 시선을 바꾸면 새로운 관점이 태어난다. 관점을 만드는 힘은 다양한 시선에서 생겨난다. 어부의 바다와 항해자들의 바다, 수병들의 바다는 모두 다른 바다다. 밥벌이고 탐험이고 전쟁터다. 먼저 인생의 개수만큼 다양한 관점이 존재한다는 사실을 인정하자.

얼음이 녹으면 물이 되는 것이 아니라 엄마한테 혼이 나고 봄이 온다는 발상이 필요하다. 관점은 맥락이 변하면서 수많은 의미를 만들어낸다.

관점이 돋보이는 최근의 카피들을 보자.

"봄은 오는 것이 아니다. 가는 것이다" 라쿠텐 여행사

화양연화라고 했다. 비를 맞고 떨어져 바닥에 달라붙은 벚꽃을 보라. 봄은 약동의 계절이지만 어차피 가고 마는 허망한 계절이기도 하다.

"모든 플레이는 눈으로부터 시작된다" 아이클리어

보는 것이 믿는 것이라고 했다. 감각의 출발점은 시각이다. 하지

만 오감의 절정은 촉감이다. 만날 때 손잡고 헤어질 때 껴안는 것은 그래서다. 몸으로 만나야 온전한 감정이 전달되기 때문이다. 그러나 스마트폰은 시각의 세계가 압도한다. 바닷가의 추억도 사진 속에 담겨있을 뿐이다. 양말을 벗고 두 발을 담가 바닷물의 질감을 느껴보라. 그게 진짜 바다다.

"회사는 일만 하는 곳이 아니다" 미쟝센

회사는 직장의 의미를 넘어섰다. 한 우물만 파선 곤란한 세상이 왔다. 인생 백세시대 멀티 플레이어가 돼야한다. 일과 일이 만나고 일과 인생이 섞여야 한다. 일속에 인생이 있고 인생 속에 일이 있다. 일과 인생이 순환되는 삶을 디자인해라.

"공간을 설계한다는 것은 머무르는 시간을 설계한다는 것" 힘찬건설

사람들의 욕구는 진화한다. 여의도 더현대를 가보라. 이곳의 커피숍과 빵집은 커피와 빵을 파는 곳이 아니다. 쇼핑을 통해 얻는 총체적인 경험과 즐거움을 느끼는 곳이다. 감각과 감성의 시대에서, 공간은 즐거운 시간을 위한 장치일 뿐이다.

핵심 메시지에 집중하라

"아프면 환자지, 뭐가 청춘이야" 유병재

"하나를 보고 열을 알면 무당이다" 박명수

"그리운 건 그대일까. 그때일까" 하상욱

"비혼주의는 결혼으로 완성이 된다" 주호민

"기분이 저기압일 땐 고기 앞으로 가라"

"구르는 돌은 이끼가 안 낀다"

세상의 모든 개념은 수많은 의미의 가능성을 가지고 있다. 당신만의 시선을 통해 유일무이한 관점을 발견해야 한다.

광고카피는 단어와 어휘와 문장을 통해 유일무이한 관점을 드러내는 작업이다. 음식점의 그릇이 아무리 예쁘다 한들, 음식 맛이 좋아야지 단골이 생길 것이다. 이처럼 문체보다 관점에 주목해 보자. 과연 당신이 광고카피를 통해 주장하는 바는 무엇인가.

'유언이란 말속에 죽은 자가 남아 있는 것'이란 문장이 있다. '너무 울어 텅 비어버렸는가 이 매미 허물은'이라는 문장도 있다. 두 문장은 다르지만 같고 같지만 다르다. 두 문장의 중심에는 죽음 후에 남겨진 흔적이 있다. 하지만 한 문장은 남아 있는 것에, 다른 한 문장은 사라져버린 것에 집중했다.

이처럼 관점은 사물과 사건을 대하는 자신만의 태도를 뜻한다. 역사에 남는 연설문만 봐도, 그 핵심은 문체가 아니다. 그만의 관점이다.

'나는 꿈이 있습니다. 어느 날 조지아의 붉은 언덕 위에 농노의 자식과 농주의 자식들이 함께 형제처럼 식탁에 둘러앉아 살게 되는 꿈입니다.'

마틴 루터 킹 목사는 인종 차별 없는 세상을 다 함께 둘러 앉아 식사를 하는 자리에 빗대어 전달했다.

'오늘, 저는 여러분께 제가 살아오면서 겪었던 세 가지 이야기를 해볼까 합니다. 그게 전부입니다. 별로 대단한 이야기는 아니고요. 딱 세 가지입니다. 먼저 인생의 전환점에 관한 이야기입니다.'

스티브 잡스는 인생은 모두 원인과 결과로 이어져 있다며 우직하고 당당하게 자신의 삶을 살아가라Stay Hungry, Stay Foolish는 삶의 교훈을 알렸다.

어떻게 묘사하고 표현하든 그들이 전하고 싶은 이야기의 핵심은 인종 편견을 이겨내자는 것과 자신의 길을 걸어가라는 내용이다. 지금까지 그들의 문장이 전해져 오는 것은 그들의 관점이다. 그들의 관점이 세상을 바꾸었다.

카피를 쓰기 전에 문체보다 먼저 무슨 내용을 담을지 관점에 대해 생각해라. 새롭고 독특하지 않다면 소비자들의 외면이 따를 것이다.

관찰만 잘해도 독특해진다

광고는 사시사철 새로운 관점을 세상에 내보낸다. 사람을 몰고 오는 관점이 아니면 광고주들이 거래를 끊어버린다. 제품과 서비스를 분석해서 얻어낸 정보를 연상력을 동원해서 차별적 관점으로 만들어야 한다.

브랜드 컨셉을 표현할 쉽고 간단한 광고카피를 만들어 소비자의 주머니를 노리는 것, 광고인들은 이것에 전부를 건다. 글과 이미지로 표현한 관점이 거리를 다니는 사람들의 지갑을 열지 못하면 밥을 먹지 못한다.

이 책에서 말하려는 디지털 시대의 카피 쓰기도 수려한 문체를 통해 인간의 서사를 노래하는 문필가의 글을 말하는 것이 아니다. 자신의 의도가 쉽고 분명하게 드러나야 할 직장인의 문장이다.

광고인은 거기에서 한발 더 나간다. 소비자의 욕망이 투영된 언어를 창조해야 하는 것이다. 그런 크리에이티브의 관점과 표현이 생명이다. 그들이 만든 관점과 문장이 고객의 머릿속으로 들어가 브랜드 이미지가 된다.

나이키나 애플, 스타벅스는 그렇게 만들어졌다. 나이키의 'Just do it'이나 다시다의 '고향의 맛'처럼 짧고 쉬운 단어나 문장 속에 특별하면서도 공감이 되는 관점을 녹여야 한다. 짧고 쉬워야 한다. 기억하기 쉬워야 되기 때문이다.

광고카피에는 제품의 장점을 소비자의 관심으로 바꾼 색다른 관점이 녹아있다. 짧은 시간, 짧은 문장 속에 시대의 정서까지 담아낸다.

광고인은 설득을 위한 글쓰기로 단련된 사람들이다. 대중들의 관심을 끌어내고 행동을 유도하는 문장의 전문가다. 온 세상을 뒤덮고 있는 디지털 트렌드를 꿰뚫는 글쓰기에 대해 말할 자격이 있는 사람들인 것이다.

그들의 문장은 절박하고 절실하다. 그들의 월급은 광고주의 물건이 팔려야 지불된다. 자신의 광고 아이디어가 선택되지 않으면 승진 대열에서 탈락한다. 광고주의 의도를 읽어 광고 안에 투영해야 한다.

평생 을의 신세로 살아온 그들의 눈썰미는 초감각적이다. 그들은 자신의 관점을 드러내기 전 상대를 읽는 습성으로 무장된 사람들이다. 그들의 문장은 광고주, 읽는 이의 입장을 고려해서 작성한다.

랭글러 청바지의 카피 탄생 배경을 보자. 대부분의 여성은 자신이 뚱뚱하거나 적어도 날씬하지 않다고 여긴다. 그러면서도 옷을 살 때는 자신의 몸에 꼭 맞는 사이즈를 구입한다.

그런 이유로 청바지를 입을 때면 다리를 밀어 넣고 버둥대며 입으려고 애쓰는 모습을 연출한다. 랭글러 청바지는 이런 여성들의 심리적 현상을 제대로 관찰하고 이해했다. 한 사이즈 더 크지 않아도 미끄러지듯 청바지 안에 다리를 넣을 수 있다는 관점을 착안해 냈다.

'오늘 밤 모든 미국 여성들이 청바지를 부드럽게 미끄러지듯 입을 수 있다'는 카피는 그렇게 태어났다.

관찰은 통찰력으로 이어지고 설득력을 가진 아이디어를 낳는다.

흔히 '어느 날 갑자기 머리를 세차게 때린 것 같은 아이디어가 떠올랐다'고 말한다. 하지만 하나의 아이디어를 위해 평소 머리를 쥐어짜며 집중했기에 빅아이디어가 탄생할 수 있었던 것이다. 아이디어는 복권이 아니라 저축한 만큼 찾아서 쓸 수 있는 저금이다.

이번엔 광고인들이 가을을 바라보는 관점을 한번 살펴보자. 가을에 대한 관점도 지구상의 인구수만큼 많다. 당신도 한번 떠올려보라. 지난가을, 당신의 가을은 무엇이었는가.

여행

"가을인데 어디로 떠날까요?" 기아자동차

"가을 속초에 빠지다" 속초시청

낭만

"가을의 낭만에 짜릿함을 더하라!" 한국관광공사

"함께, 가을 대선 한잔해요" 대선소주

"가을 밤, 클래식에 물들다" OBS 경인TV

풍성함

"올 가을, 카누의 향이 더 풍부해졌습니다" 맥심카누

"한가위 보름달보다 풍성한 선물" 정관장

쓸쓸함

"피부야 가을 타니?" 블리블리

낙엽

"낙엽은 지고, 얼굴은 피고" 네이처컬렉션

짧음

"가을은 짧지만 추억은 길다" **경북도청**

가을에 대한 연상의 결과다. 광고인들은 자신만의 해석으로 새로운 관점을 표현했다. 눈길을 끌고 수긍이 가는 것은 어떤 것이었는가.

낙엽이거나 기러기나 전어라고 대답했다면 곤란하다. 누구나 말할 수 있는 것은 독자의 관심을 끌 수 없다. 승진과 합격의 소식을 연상해서 점占이라고 대답했다면 새로운 관점이 된다. 매력적인 관점은 독특하되 공감이 간다. 그것이 창의적 관점의 핵심이다. 인문에 경험을 더해 숙성시킨 해석력이 필수다.

2

톤을 바꾸면 의미가 바뀐다

정보는 넘치고 선택의 가짓수는 끝이 없다. 당신은 수많은 선택의 기로에서 빠른 시간 내에 판단을 내려야 한다.

평범함이나 식상함 속으로 빠져드는 위기는 이때 찾아온다. 사람들은 자신의 예측과 일치하는 데이터를 발견하면 조급함에 빠져 평소의 생각대로, 다수의 생각대로 결론을 내리는 실수를 저지른다.

나이가 들수록 생각의 근육이 부실해져 선입견이나 고정관념에 갇히게 되는 것도 같은 이유다. 쉽고 편안하게 떠오른 생각은 새로운 관점을 만들지 못한다.

책상 위에 비린 냄새를 풍기는 고등어가 있다. 어떻게 냄새를 없앨 것인가? 냉장고에 넣는다. 비닐 포장을 한다. 고양이에게 던져 준다. 향을 피운다. 재빨리 조리한다. 모두 무난한 대답이다. 특별하지 않다.

독특한 관점의 출발은 정반대로 생각하는 것이다. 냄새가 나는 곳은 고등어지만 냄새를 맡는 곳은 내 코다. 내 코를 자르면 된다. 그동안 퇴적된 생각과 경험을 한 방울씩 정제시키되 상식의 반대편으로 가라.

모든 가치는 상대적이다. 이러한 발상에는 용기와 모험심이 따르지만, 누구도 흉내 낼 수 없는 유일무이한 자신만의 관점을 생성하는 기회로 작용한다.

그렇다면 어떻게 독특한 관점을 훈련할 수 있을까? 가장 중요한 것은 일상을 바꾸는 것이다. 창의성은 쥐어짜는 것이 아니라, 일상의 습관이 되어 주머니 속의 송곳처럼 불쑥 드러나야 한다.

그렇다면 자신의 관점을 분명하고 알기 쉽게 전달하는 방법은 무엇이 있을까. 여기 그 비법을 정리해 보았다.

생활감을 묻혀라

아무리 뛰어난 분야의 전문가라도 우리는 모두 하루 삼시세

끼를 먹고 산다. 모든 독자는 생활인이다. 당신이 말하고자 하는 바를 생활 속 이야기로 바꿔야 한다.

아무리 소중한 일도 결국 잘 먹고 잘살기 위해 한다. 어려운 내용일수록 생활 속의 의미와 비유를 통해 전달해야 한다는 말이다. 그래야 쉽게 전달된다.

광고인은 이 분야의 전문가다. 물건을 파는 사람이기 때문이다. 광고카피는 제품의 편익을 알려 소비자의 지갑을 열겠다는 마케팅적 관점이 확실하고 뚜렷한 글이다.

광고인들은 글의 목적이 쉽게 전달되는 어휘와 문장을 수없이 연마한다. 그들의 문장은 소비자들에 대한 눈칫밥이 쌓여 만들어진 결과물이다. 이처럼 당신의 관점을 소비자들의 생활로 바꿔야 한다. 소비자의 생활을 알아야 소비자의 언어로 이야기해서 쉽게 알아듣게 만든다.

몇 가지 사례를 보자. 여기 '습관이 관점이 된다'라는 주장이 있다. 하지만 이걸 그대로 말하면 공감이 약할 것이다. 이럴 땐 누구나 아는 생활 언어로 바꿔주어야 납득된다.

작고하신 신영복 선생님의 이야기를 꺼내 보겠다. 사람들은 집을 그려보라고 하면 대부분 지붕부터 그린다. 하지만 집을 지어본 목수는 자신의 경험처럼 주춧돌과 서까래부터 올린다고 한다. 평소 습관에 따라 접근법이 달라진다는 것이다. 이처럼 딱딱한 주장일수록 일상의 언어로 전해야 한다.

'한발 앞서 트렌드를 읽어야 합니다'라고 말하지 말고 '퍽이 있는 곳이 아니라 퍽이 나가는 곳으로 달려간다'는 위대한 아이스하키 선수 웨인 그레츠키Wayne Gretzky의 이야기를 들려주어라.

"사람들은 이기적이다. 광고는 제품의 장점을 소비자의 관심으로 바꾸는 작업이다." 이런 이야기를 그대로 전하면 무슨 소리인지 이해하기가 쉽지 않을 것이다. 이 이야기도 한번 생활언어로 바꾸어 보겠다.

"여기 두 가지 뉴스가 있습니다. 하나는 라스베이거스에 엄청난 규모와 시설을 자랑하는 호텔이 들어선 일이고 다른 하나는 내 집 앞에 찜질방이 들어섰다는 것입니다. 당신은 어떤 것이 더 흥미로운가요?"라고 물어보는 것이다.

십중팔구 찜질방이라고 쉽게 대답할 것이다. 사람들은 자신과 관련된 정보에 더 민감하다는 관점을 생활 속의 이야기로 전달한 까닭에 공감의 폭과 깊이가 넓어지고 깊어진 까닭이다.

내 여자 후배 카피라이터가 대우 푸르지오 아파트 광고 발표자로 나설 때의 일이다. 두 딸과 함께 아파트에 마련된 정원 속에서 찍은 사진 위에 띄워놓은 그녀의 첫 문장은 '아이들은 자연 속에서 살아야 합니다'였다. 생활 속의 언어가 광고주의 호감을 이끌었다.

경구나 금언, 속담도 과거부터 전해오며 공감을 자아내던 말이기에 같은 역할을 한다. 광고주가 광고 속의 카피를 키워달라는 요청을 반복한다면 이렇게 대답해보라.

"노자는 작은 것이 큰 것이요 큰 것이 작은 것이라고 했습니다. '산이 불붙는 듯하다'라는 말도 푸른 산에 가을 단풍 한 송이가 피었을 때입니다. 핵심 메시지일수록 작게 표현해야 그 존재감이 빛나지 않겠습니까? 그리고 서체가 작아야 여백이 만들어져 오히려 돋보입니다. 여백은 읽는 사람의 마음속으로 날아가는 화살이 됩니다"라고 설득하면 좋다.

일자리가 줄어들어 실의에 빠진 학생들에겐 어떤 위로가 어울릴까. 굽이굽이 인생은 오르막 내리막이 있으니 낙담도 흥분도 하지 말고 묵묵히 앞으로 가자는 말은 자생이모위子生而母危라는 고사성어로 전하는 것이 좋겠다.

아이가 태어나려면 엄마가 아파야 한다는 뜻인데 세상에 공짜는 없다는 뜻이기도 하지만 궂은 일 뒤에 반드시 좋은 일이 온다는 뜻이기도 하다.

모두 생활의 이야기들이다. 생활감이 느껴지는 이야기로 전하라. 관점을 쉽게 공감시키는 글이 된다. 우리에게 익숙한 영화 속의 대사들도 얼마든지 메시지를 전달하는 도구로 활용할 수 있다.

협상의 법칙

"그가 절대 거절하지 못할 제안을 할 거야" 영화 〈대부〉

"걸려들었다! 상식보다 탐욕이 더 큰 사람, 세상을 모르는 사람, 세상을 너무 잘 아는 사람, … 사기는 테크닉이 아니다. 사기는 심리전이다. 그 사람이 뭘 원하는지, 그 사람이 뭘 두려워하는지를 알면, 게임은 끝이다" 영화 〈범죄의 재구성〉

모험 정신

"자기 계발? 그런 건 다 자기위안일 뿐이야. 맞붙어 싸워. 그래야 너 자신이 비로소 누구인지 알 수 있다구!" 영화 〈파이트 클럽〉

인식

"우리는 진짜 현실을 보는 것이 아니라, 우리 눈앞에 보여지는 세상만을 진짜 현실로 착각할 뿐이다" 영화 〈트루먼 쇼〉

청년 정신

"금이라고 해서 모두 빛나는 것은 아니며 방황하는 자가 모두 길을 잃는 것은 아니다. 강한 자는 나이 들어서도 시들지 않으며, 뿌리에는 서리가 닿지 못한다" 영화 〈반지의 제왕〉

소신과 내면의 용기

"판단은 판사가 하고, 변명은 변호사가 하고, 용서는 목사가 하고, 형사는 무조건 잡는 거야" 영화 〈인정사정 볼 것 없다〉

공명심 경계

"호랭이는 가죽 땜시 죽고, 사람은 이름 땜시 죽는 거야, 인간아" 영화 〈황산벌〉

긍정의 힘

"탱고 추는 것을 두려워할 필요는 없소. 인생과 달리 탱고에는 실수가 없으니까. 설령 실수를 한다고 해도 다시 추면 되니까. 실수를 해서 발이 엉키면 그게 바로 탱고요" 영화 〈여인의 향기〉

"웃어라. 온 세상이 너와 함께 웃을 것이다. 울어라. 너 혼자 울게 될 것이다" 영화 〈올드 보이〉

"복권에 맞을 확률은 50%야. 당첨이 되거나, 아니면 안 되거나" 영화 〈지구를 지켜라〉

"오늘은 당신 남은 인생의 첫 번째 날입니다" 영화 〈아메리칸 뷰티〉

광고는 생활 속의 문제를 해결한다. 땀 흘린 뒤의 갈증을 게토레이로 풀어보라고 소비자에게 알린다. 햄버거의 느끼함과 포만감을 없애라는 코카콜라와는 다른 관점을 전달해야 한다.

공통점은 생활자의 언어다. 삶의 욕구를 해결해야 한다. 그래야 쉽게 공감을 이끈다. 전문적인 의학적 용어로 빽빽할 듯한 비만치료제도 마찬가지다. 제니칼의 광고를 보자.

광고 1

"허리가 느는 만큼 인생이 줄어듭니다"

날이 갈수록 양말 신기가 힘들어진다면, 허리에 좀 더 관심을 기울이시는 게 좋습니다. 남성들이 비만을 미용의 문제로, 단지 여자들만의 문제로 돌리곤 합니다. 하지만 중년의 허리둘레는 바로 건강의 바로미터입니다.

이젠 나도 건강에 신경을 써야겠다고 생각하는 당신, 그런 당신을 위해 분명하고 효과적인 방법이 있습니다.

광고 2

"허리가 줄어들면 입을 옷이 늘어납니다"

언제였습니까? 이제는 장롱 서랍 깊숙이 들어가 버린 타이트한 옷들을 자신 있게 입고 외출하던 시절…. 끝끝내 당신의 옷에 몸을 맞추지 못한 채, 몸에 옷을 맞추고 계시진 않습니까? 철마다 작아져 버린 옷을 마주하는 당신께, 이제 좀 더 분명하고 효과적인 방법이 필요합니다.

광고 3

"살이 늘어지면 삶도 늘어집니다"

당신은 만능 스포츠맨이었습니다. 학교에서든 직장에서든 시합 때마다 빠지지 않는 스타팅 멤버였습니다. 그런 당신이 이제 휴일이면 소파에 앉아 스포츠 중계만 쳐다봅니다. 발 빠른 돌파도, 멋진 슛도 이젠 희미한 추억…. 그런 당신을 위해 분명하고 효과적인 방법이 있습니다.

광고 4

"살이 접히면 생활까지 접힙니다"

당신은 모처럼의 백화점 쇼핑에서 기분만 상한 채로 돌아오고 말았습니다. 당신이 좋아하는 스타일의 옷이 더 이상 당신에게 어울리지 않았습니다. 조금만 방심해도 접히는 살이 그대로 드러나기 때문입니다. 이제는 무슨 수를 내야겠다고 결심하는 당신 그런 당신을 위한 좀 더 분명하고 효과적인 방법이 있습니다.

광고 5

"건강하게 태어나는 건 운명이지만 건강하게 사는 건 노력입니다"

당신은 건강한 몸매를 소망합니다. 하지만 당신의 노력은 제대로 보답받지 못합니다. 목표는 늘 높은 곳에 있고, 결심은 바위 같지만 소망하는 몸매에 이를 길은 잘 보이지 않기 때문입니다. 이제 건강한 몸매를 위한 당신의 노력에도 분명하고 효과적인 방법이 필요합니다.

광고 6

"거울을 보면, 건강이 보입니다"

거울은 정직합니다. 있는 그대로 당신을 비춰줍니다. 그런데 지금 거울을 보는 당신의 눈길이 머무는 곳은 어디입니까? 때론 건강하지 않은 몸이 마음까지 시들게 합니다. 다시 건강을 되찾아야 할 몸매를 위해, 보다 분명하고 과학적인 방법이 필요합니다.

몸이 가벼워야 즐거운 인생을 맞을 수 있으니 의사의 전문적인 처방을 받으라는 이야기다. 이걸 짧은 문장 안에 고객의 머릿속에 집어넣고 기억시켜야 한다. 관점이 보이는가?

카피라이터는 몸이 가벼워야 삶이 풍성해진다는 유니크한 관점을 뽑아냈다. 광고의 컨셉트는 가벼운 몸, 풍성한 삶이다. 대조적인 어휘가 담긴 문장으로 관점으로 중심을 잡아 단단하고 튼튼한 골격을 이뤄냈다.

단어를 바꾸어라

뜻은 통하면서도 최초의 결합이 될만한 어휘를 찾아내라. 색다른 어휘를 구사하면 글이 신선해지고, 그 의미가 보다 분명하게 다가온다. 광고인들은 크리에이티브한 어휘를 찾고 모으는 이들이라 해도 과언이 아니다.

예를 들어 '말했다'는 말은 하나가 아니다. 나타냈다, 알렸다, 전했다, 밝혔다, 드러냈다, 강조했다, 언급했다, 부탁했다, 꾸짖다, 나무랐다, 중얼거렸다로 바꾸어 표현된다.

심지어 의중을 타진하는 경우라면 말은 던진 것이 된다. 아니 상대의 심중을 때린 것이 될 수도 있고 넘겨짚은 것이 될 수도 있다. 맥락을 바꿔 자신의 관점을 보다 새롭게 각인시키는 맥락 전환의 어휘를 구사해라.

이런 작업이 거듭되고 발전되면 시인의 경지에 오른다. 권투선수의 속사포 같은 펀치를 나비처럼 날아서 벌처럼 쏘는 것이라고 구사한 무하마드 알리가 그런 경우다.

파블로 네루다는 '비가 온다'를 '하늘이 운다'라고 표현하는 사람을 시인이라고 했다. 여기엔 새로운 관점이 먼저 들어서야 한다. 얼음이 녹으면 물이 되는 것이 아니라 봄이 오거나 옷이 젖는다고 새롭게 표현하는 것 또한 새로운 관점이 있어야 가능한 것이다.

자신만의 주관적인 관점이 독창적 어휘 능력을 만나 새로운 문장을 만든다. 문장이 자신만의 고유한 스타일을 갖게 되면 문체가 된다. 음식을 담는 그릇이 근사해야 맛이 살아나듯이 매끈하게 다듬어져 날이 서게 되는 것이다.

아이가 엄마를 따라 하듯 뛰어난 카피들을 따라 하다 보면 서서히 자기만의 카피를 쌓아가게 될 것이다.

그러나 문장의 뼈대를 이루는 기본은 어휘력이다. 어휘는 낱말이니 어휘력이란 낱말의 활용 능력이다. 독창적 어휘력이란 개개의 낱말들이 지시하는 의미의 차이를 포착해서 같은 의미를 지닌 다른 낱말들로 바꾸어 표현하는 능력이다. 낱말 그 자체의 의미와 함께 다른 낱말 간의 관계, 즉 의미나 어감의 차이를 분별할 수 있는 능력이다.

왜 우리는 대한민국을 소리높여 외치며 응원하는 걸까? 한민족이기 때문이다. 그러나 이런 글은 보는 이의 감정을 자극하지 못한다. '우리는 모두 몽골반점의 후예들이다'라고 묘사해보라. 새로운 어휘로 낯선 결합을 시도하라.

직설적으로 표현하라

독창적인 관점의 세 번째는 단도직입의 직설법이다. 생활자의 관점을 창의적인 어휘력에 담았다면 이번엔 곧바로 알려야 한다.

《괜찮아, 안 죽어》, 《나에게 시간을 주기로 했다》 최근에 본 베스트셀러의 제목이다. 《괜찮아, 안 죽어》(김시영, 21세기북스)는 평화롭고 적막한 시골 마을로 간 의사가 진료를 받으러 오는 할매, 할배들과 나눈 일상의 이야기가 담긴 책이다. 《나에게 시간을 주기로 했다》(오리여인, 수오서재)는 평생 걸어가는 인생길에서 자신만의 보폭을 믿고 나를 기다려주자는 위로와 다짐을 담고 있다.

대구 달서구 월배로에 있는 닭도리탕집의 이름은 '닭의 도리'다. 이처럼 광고카피도 거두절미하려 말하려는 핵심으로 곧바로 들어가야 한다.

소비자는 시간이 없다. 그리고 더 이상 속지 않는다. 우회적이고 비유적인 표현보다 제품의 혜택이나 서비스의 특징을 곧바로 드러내야 한다. 솔직한 화법이 상대에게 더 믿음과 호감을 주기 때문이다.

맛을 내겠다고 멋을 부리기보다 담백하게 있는 그대로를 표현하자. 단도직입적으로 자신의 의사를 솔직하게 밝히는 글은 상대의 심중으로 직행한다.

밝히려는 의도를 서서히 드러내는 종래의 기승전결의 서사식 문장 구조는 인위적이고 조작적이라는 오해를 살 수 있다.

순수한 사람의 풋풋한 사랑 고백법을 연상해보자. 이들은 자신의 속내를 그대로 드러낸다. 문필가의 글처럼 묘사와 수사로 시간을 낭비하거나 과도하게 감정을 싫지 말라. 가식과 거짓 없이 있는 그대로 전해야 진의와 관점이 쉽게 포착된다.

"참 아름다운 밤이에요" 장미희

"제작진에 33%. 인터뷰이에게 33%, 청취자에게 33%. 나머지 1%는 저와 가족이 가져가겠습니다" 손석희

글 속엔 상대에게 전하려는 골자가 있다. 마케터의 글이라면 그 내용을 순식간에 쉽게 전달해서 상대의 동의와 공감을 구해야 한다. 따라서 글은 그 핵심을 단단히 잡고 앞뒤로 잡아 늘인 것이라야 한다.

중심으로 골격을 세우고 나머지는 스케치하듯이 윤곽을 드러내야 한다. 문체가 아니라 관점이 문장의 중심을 이루게 만들어라.

아카데미 시상식에서 여우조연상을 받은 배우 윤여정은 영어 실력으로도 주목을 받았다. 그녀의 영어가 유창했기 때문은 아니었다. 아주 쉬운 어휘만으로 유머러스하고 여유롭게 좌중

을 매료시키는 화법을 구사했기 때문이었다.

말하려는 내용이 쉽고 명료하다면 짧을수록 유리하다. 길고 장황한 문장일수록 말하려는 관점이 가려지기 때문이다.

사실적인 문장으로 자신의 관점을 분명하게 전달하는 작가가 있다. 작가 김훈이다. 관점을 세워야 할 대학생의 레포트나 논문, 보고서나 제안서로 불철주야 시간을 보낼 직장인의 글쓰기로 적격이다. 그는 문장에 대해 '말을 접지 말라. 말을 구기지 말라. 말을 펴서 내질러라'라고 밝혔다. 묘사와 수사에 얽매이지 말고 있는 그대로 드러내라는 것이다.

호기심을 가져라

관점은 어디서 생겨나고 어떻게 키워질까? 한마디로 일상의 관찰력이다. 일본 오사카 여행 때다. 일본의 집은 왜 목조 다다미이고 우리의 집은 온돌일까?

가이드의 대답은 간략했다. 그들의 집은 지진과 습도를 이겨내기 위한 것이었고 우리는 추위를 이겨내기 위한 것이라는 것이다.

막부 시대에 지어진 성의 성루가 높은 것은 적들의 침입을 경계하기 위한 것이라고 했다. 그에게 마루가 삐걱거리는데도 입장료를 받는 게 말이 되냐고 따졌다.

창피한 일이었다. 가이드는 그 소리 때문에 입장료를 낸 것이라고 했다. 오래되어 낡아서가 아니라 적의 침입에서 성주를 보호하기 위한 난이도 높은 건축 기술의 결과라는 것이다.

시인 김용택도 수십 년째 농사만 짓고 있는 농부의 관찰력에 놀란다고 했다. 어느 날 한 농부가 급히 그의 집으로 뛰어 들어왔다.

그의 시속에 '찔레꽃에 벌들이 모여들었다'라는 표현이 있는데 말이 안 된다며 손사래를 쳤다는 것이다. 찔레꽃은 향기는 진하지만 진드기가 많아 벌들이 날아들지 않는다며 고치라고 했다는 것이다.

그는 시는 몸으로 겪어내는 농부의 이야기를 통역하는 것에 불과하다고 했다. 가이드나 농부는 몸으로 감수한 산 지식의 관찰자들이다.

변화무쌍한 가속도의 시대다. 책을 덮고 삶의 현장에서 몸으로 체득한 경험만이 새로운 관점을 만들 수 있다. 오늘 벌어지는 사건과 지금 만나는 사람을 주목해라. 오늘의 사건에서 아이디어를 만나라.

구슬이 서 말이라도 꿰어야 보배라고 했듯이 좋은 정보도 활용되지 못하면 소용없다. 매일 만나는 낱낱의 데이터나 정보를 모으고 저장하고 결합해 활용하는 습관이 필요하다. 사진이나 영상, 글 등의 텍스트로 그때 그곳의 인상과 느낌을 수시로 기록하라.

지하철 출입문의 시구절이나, 휴게소 화장실에 붙어 있는 명언도 상관없다. 그렇게 당신의 하루는 기록의 과정이어야 한다. 기록된 것들은 모년 모월 어떤 계기를 통해 호기심이나 질문으로 이어져 서로 결합하고 전환돼 새로운 가치를 지닌 '최초의 관점'으로 태어난다.

기록의 습관이 창조의 어머니가 되는 것이다. 다른 사람의 관점과 만나라. 새로운 분야의 책을 뽑아 들고 낯선 풍경으로 떠나라. 관찰이 습관이 되면 자신을 표현하고 드러내는 자격이 주어진다. 글을 읽다가 글을 쓰게 되는 것이다.

더 이상 변방에서 기웃거리지 말라. 콘텐츠의 생산자가 돼라. 당신의 SNS를 일상의 관점 노트로 만드는 일부터 시작해라. 그들이 퇴근길이나 잠자리에서 발견했다는 관찰의 결과는 단지 바라보는 것see, look, glance이 아니다. 어떻게, 왜라는 의문을 가지고 입체적으로 들여다보는 탐색observation의 결과다.

의도된 열정을 바탕으로 대상의 전모를 총체적으로 파악하는 과정이다. 말하자면 피사체를 단순하게 바라보는 카메라의 시선이 아니다. 한 줌의 데이터와 정보도 놓치지 않는 현미경의 디테일과 벌어진 현상과 이후의 변화까지 총체적으로 예측하는 망원경의 통찰력이 결합되고 반복되어 버릇처럼 반영되는 순간이다.

그 결과로 얻는 새로운 관점은 복권이 아니다. 저축한 만큼 찾아서 쓰는 예금이다. 필요한 때에 찾아 쓰려면 평소에 쌓아두어야 한다. 생활을 관찰력을 배우는 교실로 만들어라. 매일 마주치는 사건과 사람들을 선생으로 생각하라.

3장

고객을 사로잡아라

1

핵심을 짚으면 길이 보인다

핵심은 소비자다

나이키의 대표적인 카피 'Just do it'과 함께 회자되는 카피가 있다. 문법에도 맞지 않는 'Impossible is nothing', 바로 아디다스의 카피다. 한계를 극복하도록 도와주는 역발상의 슬로건이다.

최고급 보석브랜드 드비어스De Beers의 카피는 '다이아몬드는 영원히'다. 두 달간의 월급으로 할 수 있는 것 중에서 영원히 지속되는 것이 무엇인가? 특별한 날, 사랑하는 사람을 위해 주는 영원히 간직되는 다이아몬드는 불멸의 사랑을 위한 최종적 선물이다.

오메가는 '지구 밖에서도 작동하는' 시계다. 1969년 처음으로 달에 발을 디딘 닐 암스트롱이 달에 갈 당시 착용했던 시계인 것이다.

에르메스는 광고에 말을 연속적으로 등장시킴으로써 전통과 혁신의 조화를 꿈꾼다. 브랜드 정신을 잃지 않는 것이다.

브랜드 이미지를 만드는 브랜드 슬로건이나 캐릭터는 제품의 정체성을 반영한다. 광고카피도 마찬가지다. 광고카피는 그 제품에 기대하는 소비자의 심리를 투영한다.

노르웨이 크루즈 라인Norwegian Cruise Line은 여행의 환상을 부추긴다. 유람선 여행을 어떻게 소비자의 중대 관심사로 끄집어낼까? 물, 태양, 훌륭한 식사, 놀이, 연예, 휴식일까? 이것은 너무 뻔하다.

그들의 카피는 '지상의 법칙은 적용되지 않는다The laws of the land do not apply'였다. 일상의 속박과 예속에서 벗어나서 규칙에서 탈출하라는 것이었다.

이와는 달리 美 일리노이주 연방의 관광객 유치 광고의 소재는 일리노이주의 자연경관, 문화적 매력이 아니었다. 그들은 세일즈맨의 스트레스를 활용했다. 그 카피는 '월요일로부터 백만 마일 떨어진 곳A million miles away from Monday'이었다.

잘 알려지지 않은 섬 자메이카의 홍보 문구는 태양이 내리쬐는 쾌청한 날, 긴 모래 해안, 산이 아니었다. 그들은 이미 유명한 하와이의 이미지를 활용했다. 그들의 카피는 '자메이카는 카리브해의 하와이'라는 것이었다.

이번엔 홀마크 카드를 보자. 친구, 부모 등에 보낼 축하 카드로 값싼 카드를 선택할 기로에 선 사람들에게 홀마크는 그들의 자부심을 자극했다. '홀마크, 최상의 것을 보내는 일이 당신에게 중요하다면Hallmark, If you care enough to send the very best'이라는 카피다.

마치 극장 내에서 모자를 쓰고 영화를 보는 노부인들이 골칫거리라면 '영화관람 시 모자를 벗어주세요'라고 하기보다 '노쇠하고 허약한 부인은 극장 안에서 모자를 쓰고 있는 것이 허용됩니다'라고 말하는 것이 좋다고 하는 것과 같은 심리적 활용 카피다.

에트나 보험회사Tetna Life & Casualty Co가 미국의 소비자들에게 노년에 대비한 상품을 판매하기 위한 메시지도 심리 타점을 잘 활용했다. '휴가는 평균 2주간이며, 연금 기간은 평균 20년입니다. 그런데 당신은 왜 노년을 대비한 계획보다 휴가 계획에 더 많은 시간을 바칩니까?'라고 한 것이다.

한 틀니 세정제는 사회적으로 촉망받는 지위에 있는 사람들이 틀니 세정제를 당당하게 화장대에 두는 것을 보여주어 수치와 금기를 깼다.

브라운Braun은 면도기 등 핵심 사업에 주력하기 위해서 스테레오 시스템 관련 사업의 포기를 결심했다. 그들은 유통점에 남아 있는 재고품을 모두 팔기 위해 재고품이라고 하지 않았다. 한정된 생산번호를 붙여 판매소비자들에게 한정판의 희귀한 예술품으로 인식시켰다.

이들은 모두 소비자들의 숨겨진 심리를 이용해 인식을 건드린 전설적 카피들이다.

핵심은 메시지다

스마트폰이 나타나고 세상이 바뀌었다. 외식업계만 해도 그렇다. 인스타그래머블Instagramable이라는 신조어는 사진빨이 좋아야 맛집이 된다는 뜻이다.

실력 있는 쉐프도 좋지만 근사한 루프탑을 만들어야 한다. 그렇다고 식당 주인이 사진 찍는 공간에 치중한다면 근시안이다. 사람들이 사진만 찍으러 다시 오는 일은 드물 것이기 때문이다. 결국 단골이 사라지고 뜨내기만 남을 것이다.

본질에 세태를 더해야 한다. 운동선수도 메달 따는 실력을 갖춰야 시상대에서 춤을 춰도 이뻐 보인다. 당신이 쓰는 카피도 마찬가지다.

디지털 유목민은 인내심도, 시간도 없다. 지나치게 은유적인 표현은 전달이 불충분하거나 의도가 왜곡될 수 있다. 정체불명의 유려한 문장보다 자연스러운 보통의 문장을 선택해라.

상선약수라는 말이 있다. 물은 자연의 모습 그대로다. 위에서 아래로 흐르며 순리를 따른다. 모난 곳을 깎아내고 생명을 잉태한다. 술술 읽히는 글은 흐르는 물처럼 독자의 마음속으로 막힘없이 걸어 들어간다.

글쓰기를 머리의 생각을 그저 손으로 옮기는 과정이라고 생각해라. 가장 먼저 떠오른 생각을 문장의 뼈대로 삼아라. 드러내지 않아 드러나는 품격이 생길 것이다.

실타래 풀듯 생각 가는 대로 써라. 형용사와 부사로 기름칠을 하거나 상징적 작법으로 때를 묻히지 말고 무심하게 이어가라.

뭔가 늘어진다는 느낌이 들어 접속사를 생각하거나 끊어 가야겠다고 생각이 들면 이미 샛길로 빠졌다는 신호다. 수사와 작문에 신경 쓰지 말고 평소에 말하듯이 써보라.

물론 떠오르는 대로 툭툭 내던지다 보면 논리적인 빈틈이 생기기도 할 것이다. 그러나 글쓰기는 다듬기가 반이다. 수정은 문장을 연마하며 자신을 낮추는 과정도 된다. 흐르는 물이 하는 일처럼 깎아내고 채워나가라.

중요한 것은 뼈대와 살점의 역할이다. 살덩이가 뼈대를 가리게 하지 말라. 형식이 내용을 앞서면 곤란하다. 음식의 본질은 사진이 아니다. 맛이다.

2

단순해질수록 호감이 생긴다

딱 한 사람만 설득하라

"가전을 나답게" 삼성전자

"우리에겐 회복하는 힘이 있습니다" 카스

"어떡하지? 숨고하지!" 숨고

"새로운 나를 발견하세요, 새삶스럽게" 이케아

"캐스퍼가 새로운 케이스를 만든다" 현대 캐스퍼

아내는 쇼핑을 즐긴다. 산책하듯이 가볍게 3시간을 넘긴다. 나는 50분을 못 견딘다. 미리 살 물건의 목록을 만들어 돈과 시간을 아끼자는 내 합리적인 제안은 소용없었다.

여자가 백화점에 가는 것은 꼭 물건을 사기 위한 것이 아니다. 요즘엔 화장실 옆 의자에 앉아 핸드폰을 쳐다보며 아내의 전화를 기다리거나 일찌감치 책방으로 들어간다. 피차 하고 싶은 걸 하면서 살자고 느슨하게 생각한다.

요즘은 칭찬도 섞는다. 아웃도어 매장의 안쪽을 한참 들여다보다 문을 밀고 들어가 할인된 내 등산복을 꺼내든 그녀에게 눈썰미가 대단하다고 했더니 싱글벙글이었다. 살림꾼으로 인정받은 것이 기쁜 듯했다.

인류가 아니라 인간에게 쓰라는 말이 있다. 당신의 독자는 종합운동장에 모인 수많은 군중이 아니다. 한 사람이다. 그 사람에게 통해야 그 사람 같은 다른 사람들에게 통할 것이다.

한 여인이 있다. 그녀는 친절하고 상냥한 가사도우미, 보모, 유치원 교사였다. 왕과 결혼했고 두 아들을 두었으나 남편의 바람기로 이혼했다. 빈민을 위한 자선사업과 적십자 활동에 적극적이었다. 한 억만장자와 식사를 마치고 귀가 중 교통사고로 36세에 사망하였다.

그녀는 영국 왕비 다이애나 스펜서다. 이처럼 한 인간의 역사엔 많은 공감의 요소들이 숨어 있다. 한 사람을 선택해서 그의 입장에서 이야기를 시작해라. 그래야 구체성의 리얼리티가 확보된다.

따라서 카피라이팅의 출발은 상대의 의중이다. 상대의 마음부터 읽어야 한다. '읽히더라!'라는 찬사는 문체의 문제가 아니다. 내가 아니라 그의 생각부터 읽어야 한다. 투우사가 소의 입장에서 생각하듯이 상대의 입장에서 시작해라.

영화 '강력3반'에 나오는 장면이 있다. 배우 김민준과 허준호는 선후배 형사다. 후배가 형사라는 직업의 어려움을 토로하며 그만두려고 하자 선배 형사가 꺼내든 방법은 무엇이었을까?

그는 말없이 서랍 속에 간직해 둔 사직서를 꺼내 보여주었다. 자신도 같은 입장임을 알린 것이다. 사람은 자신 같은 타인을 신뢰한다. 그의 생각부터 살펴라. 살피되 진짜 마음을 살펴야 한다. 쉬운 일이 아니다. 내 마음을 나도 모르니 말이다.

스승의 날, 후배가 아들의 담임선생님에게 감사의 글을 보냈다. 선물 포장지에 붙여진 엽서에 '아이가 공부에 취미를 붙여 다행입니다. 선생님을 존경하고 있고 친구들과 잘 어울리며 즐겁게 학교생활을 하는 모습이 대견합니다. 진정한 공부란 사람에 대한 예의를 배우는 것이 아니겠습니까?'라고 적었다.

그 편지에는 선생님 말고 또 다른 독자가 숨어 있다. 바로 선물을 전달하는 아들이다. 아빠는 아이가 그 글을 먼저 읽고 내용처럼 훌륭하게 자라나길 바랐다.

독자에 대한 심도 깊은 조사나 연구를 선행해라. 골프를 좋아하는 사람과 노래를 좋아하는 사람의 관심사는 다르다. 아이가 없는 독신자는 입시 문제에 무관심할 것이다. 마음을 읽어야 취향과 관심에 맞는 문장을 쓸 수 있다.

개인주의와 디지털 테크 시대의 독자들은 확실한 실리를 좇는다. 야구에서 타자가 안타나 홈런을 날리려면 날카롭고 힘찬 스윙 말고 먼저 필요한 게 있다. 스트라이크 존을 통과하는 공을 고르는 선구안이다.

전달할 내용이나 문체를 고민하기 전에 상대의 전모를 파악해야 한다. 한비자도 '내 지식이 불충분해서도 아니고 내 변설이 서툴러 밝히기 어려워서도 아니며 감히 해야 될 말을 함부로 할 수 있는 용기가 없어서도 아니다. 진정한 설득의 어려움은 상대방의 심정을 미리 파악해서 내 주장을 거기에 적중시키는 데 있다'라고 설득의 어려움을 전했다.

인간을 이해한다는 것은 간단한 일이 아니다. 이해관계로 얽힌 비즈니스 세계는 더욱 그렇다.

그 옛날의 공자도 사람에 따라, 때와 장소에 따라 다른 답을 내놓았다. 그의 핵심 사상인 인仁도 그렇다. 기록을 뒤져 보면 인과 관련된 58가지의 다른 버전이 있다.

어떤 이에게는 '부모를 공경하고 형제를 아끼는 것'이라고 했는가 하면 어떤 제자에겐 '좋은 것은 좋다고 말하고 나쁜 것은 나쁘다고 말할 줄 아는 것'이라고 했다. '자기를 이기고 예로 돌아가는 것'이라고도 했고 '남을 배려하는 서恕의 마음'이라고도 했다.

또 다른 이에게는 '집에 있을 때는 공손하고, 일을 할 때는 신중하고, 남과 사귀는 데는 성실한 것'이 인이라고 말했다. 그에게 인이란 지고지순한 최고의 선이었던 듯하다. 하지만 더 중요한 것은 사람에 따라 다른 대답을 들려주었다는 것이다.

그도 상대의 처지와 입장에 맞게 말을 전해야 뜻이 제대로 전달된다고 본 듯하다. 진정한 고수는 쉽게 말하되 상대의 입장까지 담아낸다. 전문가의 자격은 내가 주장한다고 얻어지는 것이 아니다. 상대가 인정하고 달아주는 훈장이다. 그러기 위해 말할 상대를 정확하게 이해하고 그에 맞는 문장을 구성해야 한다.

부처님도 상대에 따라 설법을 바꾼다고 했다. 일류요리사도 먹는 사람의 입맛과 체질에 따라 간을 맞추고 재료를 쓴다. 세계적인 미디어 석학 마샬 맥루한Marshall McLuhan도 설득은 상대방의 언어를 연구해서 그에게 맞는 내용으로 각색해야 한다고 말했다.

광고카피는 상대방의 마음을 읽어내야 하고, 그들에게 공감을 얻어야만 한다. 그러기 위해선 상대를 이해하는 것이 출발

선이다. 상대에 대한 이해가 결여된 카피는 고객들의 마음에 닿지 못한다.

광고 속의 문구는 사는 사람의 의도를 담는다. 목적과 목표가 분명하다. 이걸 파악하는 게 선결 요건이다. 헛짚으면 메시지가 산으로 간다.

지울수록 분명해진다

"이끌든지 따르든지 비키든지" 테드 터너(CNN 설립자)

"구겨진 종이가 더 멀리 간다" 드라마 〈광고천재 이태백〉

"인생에 물음표 말고 느낌표만 딱 던져" 드라마 〈질투의 화신〉

"All live young" 올리브영

"세상에서 가장 작은 카페" 카누

아침 뉴스를 보다 보면 흔히 나오는 표현들이 있다. 예를 들어 "~라고 목소리를 높였습니다"라는 멘트가 있다. 이것은 정치권 인사들이 주장을 굽히지 않을 때 나오는 뉴스의 단골 표현이다.

잘 들어보면 이런 표현이 부지기수다. 스튜디오 안의 앵커가 현장에 파견된 리포터에게 뭘 물어보면 "네 그렇습니다…"라며 추임새 같은 어투로 말문을 열고, 후속 보도를 전하는 것도 그렇다. 앵무새가 따로 없다.

이와 같은 맹목적인 답습의 전례는 많다. 월요일 아침조회 시간에 연단 위에서 펼쳐진 교장 선생님의 훈사도 그랬다.

늘 비슷한 내용의 훈사를 듣고 있으면, 지루하고 짜증만 났다. 뭐라고 하는지 들리지도 않았다. 인내심을 기르며 체력을 방전시키는 시간이었다. 뙤약볕에 쓰러지는 학생도 있었다. 코피가 잦았던 나는 온몸에 힘을 줘서 코피를 쏟아냈고 천국 같은 양호실에 가서 누울 수 있었다.

여기에 주례사가 빠질 수 없다. "오늘 양가의 뜻깊은 날을 맞아…", "지금부터 하는 이야기를 명심해서 머리 뿌리가 파 뿌리가 될 때까지…". 주례사를 귀 기울여 듣는 하객은 과연 몇 명이나 될까?

들어본 이야기에 귀를 기울일 사람은 없다. 아랍 속담에 '그대가 무슨 말을 하든 그 말은 침묵보다 가치 있는 것이어야 한다'는 말이 있다. 하지 않으니만 못한 말로 카피를 삼는 건 곤란하다.

카피에는 압축과 절제가 가미되어야 한다. 간결하고 쉽게 이해시키려면 곁가지를 쳐내야 한다. 말이든 글이든 쓸데없는 장광설은 치명적이다.

광고계의 거장 브루스 바톤Bruce Barton은 이렇게 말했다.

"언젠가 아버지가 공개 회의의 기록자 역할을 맡은 적이 있었는데 '잘못이다'라고 적었다. 그러자 한 사람이 일어나더니 '엄청난 잘못이다'로 고치라고 요구했다. 아버지는 조용히 대꾸했다. '나도 처음에는 그렇게 적을까 했다. 그러나 의미를 강조하기 위해서 '엄청난'이란 단어를 지웠다.'"

게티스버그에서 링컨에 앞서 두 시간 동안이나 연설했던 웅변가 에드워드 에버렛Edward Everett의 고백을 들어보라. "나는 두 시간 연설했고 당신은 2분간 연설했습니다. 그러나 나의 두 시간 연설이, 묘지봉헌식의 의미를 당신의 2분간 연설처럼 그렇게 잘 포착할 수 있었다면 얼마나 좋았겠습니까?"

그는 1,500단어의 연설을 마치고 사람들의 뇌리에서 사라졌다. 링컨의 연설은 2분간 총 266단어가 사용됐을 뿐이었다. 그는 자신의 주장을 "국민에 의한, 국민을 위한, 국민의 정치"라고 요약했다. 당신의 주장이 아무리 훌륭해도 그 수가 열 가지나 된다면, 판결을 내리는 배심원은 하나도 기억하지 못한다.

리포트나 보고서도 마찬가지다. 쉽고 간결한 글이 좋다는 것은 누구나 안다. 하지만 멍석이 깔리면 돌변하는 것이 사람이다. 어깨에 힘이 들어가 알맹이에 살을 붙이고 변죽까지 울리면 당초의 의도가 오리무중에 빠진다. 담배를 사 오라고 시켰으면 담배를 내놓거나 늦어진 사정을 말하면 되지 가다 만난 사람들과 가게 위치까지 늘어놓을 필요는 없다.

시간을 잡아먹는 것은 두 번째다. 당신의 이미지에 영향을 미친다. 일이 잘 풀리면 자화자찬이고 그르치면 핑계꾼이 된다. 전달력은 상대에게 전할 내용을 또렷하게 드러내는 압축의 기술이다. 잔가지를 쳐내야 골격이 선명해지고 초점이 분명해진다.

초심자는 한마디를 열 마디로 늘려 스스로 무덤을 판다. 계체량을 통과한 권투선수들의 몸매를 보았는가?

들깨를 쥐어짜서 깔때기로 내리면 순도 높은 한 방울의 기름이 만들어진다. 카피 쓰기도 마찬가지다. 짜고 짜서 엑기스를 남겨야 한다. 잔잔한 물길이 왜 갑자기 격류로 변해 소용돌이치는지 그 원인을 따지는 것도 중요하지만, 필요한 것은 헤엄쳐서 빠져나오는 방법이다.

유사 사례를 들고 문학적 인용을 삽입해서 설득력을 높이는 것은 좋다. 하지만 적당해야 약이 된다. 지엽적인 설명에 매달리면 방향을 놓친다. 기승전결을 단단하게 묶어서 달리는 열차를 만들어라. 단 핵심은 물고 늘어져야 한다.

퇴고의 과정은 찌꺼기를 걷어내고 엑기스를 얻는 과정이다. 채를 쳐서 거르듯 초심을 확인해라. 의도가 가려지고 본말이 바뀌는 것을 차단해라. 욕심을 버려야 하나라도 건진다. 목적지를 향해 곧바로 달려가라. 접속사를 없애라. 형용사와 부사는 줄여라. 의도는 분명해지고 담백함은 깊어질 것이다.

거듭 전한다. 보태지 말고 잘라내라. 줄여라. 더 줄여라. 확 줄여라. 완벽함이란 더할 것이 없는 상태가 아니라 더 이상 뺄 것이 없는 상태다. 생텍쥐페리의 말이다.

주제를 간결하고 명확하게 드러내는 카피를 쓴다는 게 생각처럼 쉬운 일이 아니다. 한 문장으로 핵심을 짚으면서 간명하게 전달해야 한다. 지엽적인 설명에 매달리면 전체 내용을 일일이 나열하기 때문에 장황해진다. 과감하게 곁가지를 쳐내라. 문제의 본질을 돕는 단어만 남겨라.

건배사처럼 초점을 분명히 해라. '겁나 수고한 당신께 박수를 보냅니다, 박보검!', '청춘은 바로 지금부터, 청바지!'라는 구호가 유행했다. 광고카피는 더더욱 그렇다.

'올 초 계획했던 큰일 이루셨나요? 이루지 못해 아쉽다면 한 번 생각해보세요. 큰일 없이 안전했던 날, 큰일 없이 함께한 휴가, 큰일 없이 반복된 하루, 큰일 없이 자라는 사랑. 돌아보면, 올해도 큰일 없이 작은 행복들로 가득했습니다. 내년에도 폭스바겐이 함께 하겠습니다.' 아침 출근길에 들은 폭스바겐의 광고다. 폭스바겐은 실용적 가치를 지닌 차다.

'작게 생각하자Think Small'란 위대한 광고도 그런 배경으로 태어났다. 큰 차의 허세를 버리고 작지만 경제성과 편리성이 뛰어난 폭스바겐을 선택하라는 주장이다. 작은 것의 미덕이라는 그들의 핵심 가치를 축약된 카피로 잘 살리고 있다.

함축한다고 해서 무조건 짧게 쓰라는 이야기가 아니다. 중요한 포인트는 강조해야 한다. 포인트를 강조하는 방법 중 하나는 반복하는 것이다.

망년회에서 참가자를 무대 위로 불러내 좌중을 즐겁게 했던 게임이 예시가 될 수 있겠다. 사회자가 '신데렐라'라고 빠르게 10번을 외치게 한다. 그리고 "독사과를 먹고 죽은 공주는?"이라고 재빨리 묻는다. 대부분 '신데렐라!'라고 답한다.

물론 정답은 백설공주다. 자신의 답이 왜 잘못된 것인지 어리둥절해하는 이도 있다. 중요하다면 반복해라. 반복 화법은 자본주의의 마중물 광고카피에 종종 발견된다. 리듬감이 생겨 입에서 돌고 머리에 박히기 때문이다.

'참!참!참!' 참소주의 광고카피다. '올겨울 혼자 어때 둘이 어때 셋이 어때, 올겨울 여행 어때 파티 어때 여기 어때'. 최근 급성장한 여기어때의 광고카피다.

반복의 중요성에 대한 우화가 있다. 미국 제임스 가필드 대통령의 이야기이다. 어느 파티에서 똑같은 말을 몇 번이고 반복하는 아버지의 연설을 보고 그의 아들이 말했다.

"글쎄 뭐랄까… 좋긴 좋았어요, 아버지, 그렇지만 전폭적으로 따라갈 기분은 아니었어요. 똑같은 내용을 자꾸 반복하니까. 한 번 말한 걸 다른 식으로 표현하길 무려 네 번씩이나 하더군요."

실망스러운 표정의 아들의 말에 아버지는 정색하며 대답했다. "일부러 반복하는 거다. 내일 내가 연설할 때 청중의 얼굴을 살펴보렴. 어떤 내용을 처음 말할 때는 연단 근처 사람이 아버지 얼굴을 쳐다볼 게다. 그러나 뒤쪽에 있는 사람들은 대체로 내 말에 귀를 기울이지 않지. 두 번째 말을 다시 하면 가운데 몇몇 사람이 주목하지. 세 번째 말에는 귀를 기울이는 사람이 좀 더 많아지지. 네 번째가 되면 내 말에 모두 귀를 기울이게 되는 거야. 한 사람도 빠짐없이 들어주길 바란다면 네 번은 반복해야 돼" 중요할수록 반복하라는 말이다.

이때 주의해야 할 것이 있다. 중언부언과 구별해라. 술 취한 사람의 주정처럼 지루하게 중복시키면 역효과다.

그렇다면 얼마나 반복하는 것이 좋을까? '곰 세 마리의 법칙'이란 것이 있다. 두 번은 심심하고 네 번은 복잡하다. 세 번이 좋다.

백범일지 속에서 김구 선생도 소원을 세 번 빌었다. '네 소원이 무엇이냐고 하나님이 물으시면 나는 서슴지 않고 내 소원은 대한민국의 독립이요 하고 대답할 것이다. 그다음 소원이 무엇이냐고 물으시면 나는 우리나라의 독립이요 라고 할 것이다. 또 그다음 소원이 있다면 무엇이냐 하는 세 번째 물음에도 나는 소리를 높여 나의 소원은 우리나라의 완전한 자주독립이요 하고 대답할 것이다'라고 한 것이다.

쉬울수록 와닿는다

"이젠 저 깊은 바다를 함께 걸을 수 있는 거죠" 노래 〈별〉, 조소정

"가장 심각한 착각은 삶이 완벽해야 한다고 생각하는 거야" 책 《소년과 두더지와 여우와 말》, 찰리 맥커시

"아버지가 되면, 사진은 훌륭해진다" 캐논

"샛별 뜰 때가 가장 신선할 때" 마켓컬리

여기 두 개의 노래가 있다. 둘 다 위로가 주제다. 먼저 이하이라는 가수의 노래 가사다 '당신의 한숨 그 깊일 이해할 순 없겠지만, 괜찮아요. 내가 안아줄게요'.

또 하나를 비교해 보자. 이번엔 정준일이라는 가수의 노래 가사다. '우리도 나무처럼 죽음 같은 일 년 긴 잠을 자다가 깨어났을 때 즈음 푸르른 새 잎사귀와 분홍빛 꽃을'

어떤 차이점을 발견했는가? 예술성을 논하자는 것이 아니다. 딱 봐도 이하이 노래의 가사가 쉽게 와닿고 이해될 것이다. 이처럼 비유가 심하면 이해되기 어렵고 읽는 속도도 더뎌진다. 쉬워야 편안하다. 쉬워야 리듬이 살아난다. 쉬워야 재미도 산다. 다른 사람을 설득하여 제품을 구입하게 만들어야만 하는 광고카피라면 더욱 그렇다.

유시민 작가는 한 TV 프로그램에 나와서 '설득해서 공감하자고 쓴 글일 텐데 왜 전문가들은 굳이 어려운 용어를 쓰는 걸까요?'라는 패널의 질문에 이렇게 답했다.

"남을 설득할 생각이 없는 겁니다."

진정으로 소통하고 싶다면 쉬운 글로 표현해야 한다. 어려운 글은 다른 사람을 설득하는 글이 아니라, 자신의 지식을 뽐내는 글이다.

논문이 아니라면 전문용어를 남발하거나 이해하기 어려운 용어를 써가며 비비 꼬지 말라. 심오한 철학은 철학자들에게 맡겨라. 사실 실력 있는 철학자는 저잣거리의 언어로 설파한다. 쉽고 재미있어야 대중들의 호응을 얻는다. 폼만 잡다 수면제가 되고 만다.

유홍준 선생은 그의 저서에서 국보 제49호의 대웅전 앞에 새겨진 설명서를 소개하며 이런 식의 불친절은 절대로 따라 해선 안 된다고 밝혔다.

'맞배지붕에 주심포 양식을 한 이 건물은 구두 밑에 헛첨자를 두고 주두와 소로는 굽받침이 있으며, 첨자 끝은 쇠서형으로 아름답게 곡선을 두어 장식적으로 표현하고 특히 측면에서 보아 도리와 도리 사이에 우미량을 연결하여 아름다운 가구를 보이고 있다.'

문장은 쉬워야 한다. 마음에서 우러나온 문장은 자신의 전문성을 과시하지 않는다. 상대의 입장과 판단과 선택을 위한다. 문장은 이해와 신뢰 모두 중요하지만 하나만 꼽자면 쉽게 이해되는 글이 좋다. 단어도 문장도 어법도 관점도 쉬워야 한다.

그래야 진정성이 우러나고 대중성이 확보된다. 장황하고 까다로운 문장은 과시용이 되기 쉽다. 어렵고 비비 꼬는 말로 어깨에 힘주지 마라. 전문성은 내가 발휘하는 것이 아니라 상대방이 인정해야 한다. 말에 따라 어떤 결과가 나오는지 살펴보라.

축구 경기의 해설가들의 말을 비교해보자. 한 분은 대학교수였고 다른 분은 유명한 축구선수였다. 둘은 같은 상황에 완전히 다른 언어를 구사했다. 비가 올 때였다. 먼저 대학교수의 말부터 보자.

"우리의 뇌는 눈으로 보는 정보를 인식하죠. 망막이 인식한

비라는 피사체가 시신경을 통해 뇌로 전달되면 선수들은 긴장을 느끼게 됩니다. 비가 많이 오는 경우는 그것을 인식한 뇌의 해마 부분이 자극을 느껴, 그것과 연결된 대퇴부 근육에 심각한 지장을 초래하기도 합니다."

이번엔 선수 출신의 해설가의 말이다. "비가 많이 오네요. 선수들 플레이에 약간의 지장이 있을 것 같네요."

이번엔 다른 상황이다. 한국 선수가 먼 거리에서 슈팅했고 골대를 완전히 빗나갔다. 아나운서가 무모한 슛이라고 지적하자 교수 출신의 해설가는 이렇게 설명했다.

"지금은 1:1 돌파에 의해 좌측으로 패스해 수비를 교란시키고 공격진을 침투해 숫자를 늘린 후에 인프런트로 센터링…… 골키퍼 방향을 읽고 반대 방향으로 차주면 기회가 생깁니다. 우리 선수들 너무 서두르지 말고 차근차근 해야 기회가 생깁니다…"

선수 출신의 해설가는 어떻게 말했을까? 안타까운 목소리로 이렇게 간단히 외쳤다. "떴습니다!" 패스한 공이 하늘로 떴다.

한 사람은 "운동역학적으로 말씀드리자면 슈팅을 하는 순간에 디딤발과 차는 발 사이에 밸런스가 제대로 맞추어지지 않으면서 발등과 볼의 임팩트 지점이 정확하지 않았기 때문에 저렇게 뜨는 겁니다. 제가 항상 말씀드리는 거지만 축구는 어디까

지나 과학인 거죠."

또 한 사람은 "자세가 불안했어요. 잘못 찼어요!"라고 말했다. 누가 누군지 알 것이다. 평범한 말을 쓴 선수 출신 해설가의 시청률이 거의 세 배에 달했다. 그는 아들과 출연하기도 했다. 바로 차범근 선수다.

그의 말은 평범했지만 자연스러워서 사람들의 마음을 파고들었다. 전문가의 말과 글은 누구나 쉽게 이해할 수 있는 문장이다.

말과 글의 천재 스티브 잡스의 경우를 살펴보자. 그는 '우리는 동종 업계의 최고다. 어떤 기술을 사용하여 이런 제품을 만들어내었다'라고 말하지 않았다. 그는 어떻게 말했을까?

"이것이 맥북에어입니다. 얼마나 얇은지 느낌이 오실 겁니다. 그래도 풀사이드 키보드와 모니터를 갖추었습니다. 놀랍지 않습니까? 이렇게 생겼습니다. 대단하죠? 세상에서 가장 얇은 노트북입니다. 그러면서도 13.3인치 와이드 스크린과 풀사이즈 키보드를 갖추고 있습니다. 우리 기술팀이 이 제품을 개발했다는 사실이 놀랍습니다"라고 말했다.

아이팟은 카드 한 통 크기만 합니다. (2001.10) 아이팟 셔플은 껌 한 통보다 작고 가볍습니다. (2005.1) 애플TV는 21세기의 DVD와 같습니다. (2007.1) 복잡한 가전기기를 어린아이가 먹는 껌에 비교했다. 누구나 쉽게 이해시키기 위해서다.

대가들은 보통 사람의 문장을 구사한다. 주제를 선명하게 드러내고 많은 독자들이 접할 수 있게 자신을 낮춘다. 겸손한 글, 배려하는 글을 쓰는 것이다.

이해력은 전달력의 필수조건이다. 이해되지 않으면 좋아할 수 없고 기억될 수 없다. 생각해보자. 우리가 기억하는 명문들은 쉬운 문장들이다. 모두가 인정하는 위대한 진리도 단순하고 쉬운 언어다.

'서로 사랑하라', '네 이웃의 여인을 탐하지 말라', '돈 보기를 돌같이 하라'. 케네디 대통령은 "우리는 우주항공산업의 국제적인 리더가 될 것이다"라는 이야기를 "우리는 금세기 안에 인간을 달에 착륙시키고 무사히 지구로 귀환시킬 것이다"라고 쉽게 이야기했다.

삼성의 이건희 회장은 "혁신만이 살길이다"라고 이야기하지 않고 "마누라와 자식만 빼놓고는 다 바꿔라"라고 했다.

누구나 이해할만한 쉬운 문장이고 핵심이 분명한 문장들이다. 스티브 잡스는 컴퓨터를 무엇이라고 이야기했을까? 인류의 진보를 가능케 한 혁신적인 발명이라고 했을까? 아니다. "우리의 지성을 위한 자전거"라고 이야기했다.

역대 대통령들이 내세웠던 캐치프레이즈도 좋은 탐구 사례다. 노태우 전 대통령은 '보통 사람', 김대중 전 대통령은 '준비된 대통령', 이명박 대통령은 '경제 대통령'을 내세웠다. 위대한 진리는 늘 단순하다. 쉽고 단순한 한마디가 오래 남는다.

쉽게 전달하기 위해서 쉬운 단어만을 사용해 문장의 탄력을 죽이라는 뜻은 아니다. 기억에 남는 카피를 쓰라는 것이다. 상대방의 마음에도 스며들 수 있다면 금상첨화다. 이를 위한 쉬운 방법이 있다. 인간은 감정의 동물이기에 감정의 언어를 사용하면 감정이입에 도움이 된다.

당신이 어떤 브랜드에 대한 분석의 결과를 보고한다고 가정하자. 대부분은 이러한 식으로 진행한다. "이 브랜드는 이런 장점도 있고 저런 단점도 있습니다. 그래서 시장에서 이런 좋은 평가도 있고 저런 나쁜 평가도 있습니다" 다음 문장과 비교해보라.

"이 브랜드는 이런 점도 좋고, 저런 점도 좋습니다. 하지만 안심할 때가 아닙니다. 우리가 조사해본 결과 결정적 단점을 하나 발견했습니다" 딱딱한 보고서처럼 사실을 나열하는 방법은 객관적 거리감을 만들어 읽는 이의 주의력을 떨어뜨린다.

감정의 언어로 말하듯 문장의 구성을 변화시켜보라. 어떠한가? 전하는 바는 똑같지만 지루함을 덜어냄과 동시에 듣는 이가 더욱 몰입하게 된다. 감정의 수식어가 붙어 감정이입이 된 것이다. 감성에 호소한다고 과장적 수사를 하라는 것이 아니다. 정보와 사실에 감정을 개입시켜 건조함을 걷어내고 감성적 유대감을 발생시켜 보라는 것이다.

4장

지갑을 열게 하라

1

조준을 잘해야 명사수다

끈질기게 추격하라

맛집을 찾는다고 하자. 그렇다면 네이버나 인스타그램 등에 검색을 시작할 것이다. 포스트, 혹은 피드에는 광고가 따라붙는다.

놀랍게도 그 광고들은 당신이 지금 찾고 있는 것, 혹은 당신의 최근 관심사와 밀접한 관련을 가지고 있을 것이다. 그들은 당신의 일거수일투족을 감시하는 디지털의 거인들이다.

그들은 고객의 정보와 관심사를 찾아내서 실시간으로 추적하고, 상품을 걸고 댓글을 유도한다. 그들의 추적은 물건을 구입한 뒤에도 멈추지 않고 따라온다.

제주도의 맛집을 검색하면 그날부터 부근의 먹거리, 놀거리가 경쟁하듯 따라붙어 당신의 손끝 세계를 점령한다. 한번 구매하면 관련된 이미지와 영상, 세일과 이벤트 정보가 끊임없이 따라온다. 가격과 댓글에 붙은 추천 수에 따라 당신의 선택은 수시로 바뀐다.

제품을 구매하는 동안 계절에 따라 어떤 신상품이 나왔는지, 지금 어떤 행사가 있는지, 세일은 언제 하는지, 가격은 얼마나 하는지, 쿠폰은 없는지 확인한다.

시간이 지나면서 소비자도 영리해졌다. 판매자의 상술을 알아차리기 시작했다. '좋아요'가 많다고 정말 '좋은'상품이 아니라는 것을, '내돈내산'이 아니라는 것을 눈치챘다. 이제 사람들은 파워블로거가 돈 받고 작성한 글을 구분할 수 있게 되었다.

이제 중요해진 것은 보통 사람들의 반응이다. 거리를 걸어 다니는 평범한 사람들의 영향력이 커졌다. 모델도 마찬가지다. 빅모델이나 셀럽보다 크리에이터나 인플루언서의 영향력이 더 커졌다.

인플루언서들은 그 분야의 전문가일 뿐 우리와 다를 것이 없어 만만한 존재다. 그들은 현실적이고 실용적인 정보를 전한다. 설명도 쉽고, 사실적이다.

빅모델의 삶처럼 될 수는 없지만, 인플루언서의 삶 정도는 비슷하게 살 수 있을 것 같다. 바로 그 순간 지갑이 열린다. 인플루언서가 추천하는 레스토랑, 먹거리와 입고 있는 옷들이 빅모델의 그것보다 파워풀해진다.

빅모델들도 그 사실을 안다. 트렌드에 빠른 셀럽들은 스스로 인플루언서가 되었다. 케이블방송의 호스트로 일하거나 유튜브나 인터넷 라이브 방송의 크리에이터로 변신했다.

클라이언트가 원하는 표정을 지으며 대본 속 카피를 수십 번 읽는 대신 사용해 본 경험을 들려주고 보여주며 어서 사지 않으면 곧 마감이 될 것이라고 구매를 부추긴다.

디지털 세상에서도 단골은 가능하다. 몇 번의 온라인 쇼핑으로 어떤 브랜드에 대한 구매 이력이 반복되면 이 플랫폼에서 보여주는 제품은 믿을 수 있다는 충성도가 생긴다.

클릭하는 노력을 줄이기 위해 그 브랜드의 앱을 설치한다. 처음엔 설치하면 주는 할인 쿠폰 때문에 깔았지만 일단 시작하면 더 많은 퍼센트의 적립금 혜택, 주기적으로 보내주는 무료배송 쿠폰을 받는 슈퍼 고객으로 자라난다. 이것이 지금 우리 모두의 스마트폰 속에서 벌어지는 일이다. 광고에도 그런 조류가 흘러들었다.

고객들이 앱이나 웹을 드나들며 나타내는 데이터를 모아 그들의 구매 심리를 정확히 꿰뚫는 카피를 찾아내고 살만한 사람들만 골라내 광고를 노출하는 리타게팅Retargeting기법이 대표적이다.

TV시대의 타겟팅은 구매에 관심이 있을 만한 잠재 고객을 설정하는 것을 뜻한다. 반면 리타게팅은 홈페이지를 방문한 사람이나 구매나 사용한 경험자를 대상으로 제품의 재구매나 유관 제품의 추가 구매를 제안하는 개념이다. 한 마디로 표적지가 확실하고 뚜렷하다. 뿐만 아니라 고객이 선호하는 라이프스타일과 취향에 맞는 광고카피를 찾아내서 설득의 효율과 효과를 높인다.

육아용품을 찾는 주부들에게 아이의 발육을 돕는 영양제를 노출시키거나 레깅스 구매율 높은 젊은 여성층에게 레깅스에 어울릴 팬츠나 자외선을 차단하고 피부를 보호하는 화장품의 배너 광고를 띄운다.

광고 크리에이티브도 마찬가지다. LG 인공지능 가전 ThinQ는 실시간 데이터를 적용한 카피로 24개의 '오늘의 씽큐 캠페인'을 제작했다.

위성 발사에 성공한 날 로봇 청소기의 광고카피를 보자. '12월 21일, 오늘은 최초로 위성 발사에 성공한 날입니다. 그거 아세요? 아무리 뛰어난 인공위성이라도 우리 집안은 관측 못 한다는 거. (로봇 청소기가) 이제 관측을 끝내고 집 안을 청소할게요. 보이시죠? 한 번도 느껴보지 못한 자유 LG씽큐.'

구글의 인공지능 영상 편집 기술인 디렉터 믹스를 활용해서 매일매일 다른 날짜와 날씨에 맞춘 광고를 만들어 세상에 내보냈다. 여러 개의 광고를 만들어 노출시킨 뒤 고객이 선호하는 카피와 제작물을 선택해서 집중적으로 노출하기도 했다. 온라인 광고의 카피는 고객들의 심리와 행동이 보여주는 데이터를 가감 없이 반영시키고 있다. 리얼 타임, 리얼 콘텐츠, 리얼 카피의 세상이다.

찾아오게 만들어라

예전에는 광고가 나오면 리모컨을 눌러 피하기 바빴다. 클라이언트의 매력적인 제품을 알리기 위해, 브랜드에 호감을 갖게 하기 위해, 떠난 마음 한 번이라도 다시 사로잡고 싶어서, 광고인들은 아이디어를 내고, 시간을 쏟았다.

그들은 시청자들이 리모컨 버튼을 누르기 전에 시선을 붙잡아 둘 방법을 찾아야만 했다. 광고카피가 시청자들의 입에서 입으로 저절로 번져나간다면 더 바랄 나위가 없었다. 달걀로 바위를 치는 것 같은 노력은 때로 빛을 발해서 히트 광고가 되기도 했다. 그렇게 아이들부터 어른들까지 다 아는 히트 카피가 태어났다.

"12시에 만나요. 부라보콘" 해태 부라보콘

"미인은 잠꾸러기" 에바스 화장품

"남자는 여자 하기 나름이에요" 삼성전자

"좋은 기름이니까" S-Oil

이는 한 시대를 풍미한 광고카피들이다. 광고카피는 이질적 어휘의 결합으로 새로운 의미를 만든다. 새로워야 사람들의 주목을 끌어내기 때문이다.

"The UnCola!" 세븐 업

"Just do it!" 나이키

세븐업과 나이키도 그런 시대에 태어났다. TV광고 전성기 시대의 카피들인 '20개의 건강한 치아를 80세까지!' (2080 치약), '사랑은 움직이는 거야!' (KTF)도 마찬가지였다.

카피는 사람의 마음을 훔쳐 다시 그들의 머릿속으로 들어가야 한다고 배웠다. 사나이 대장부는 눈물을 훔치면 안 됐고 (신라면), 침대는 허리가 편안해야 제대로 된 침대 (시몬스)였다.

아날로그 시대의 카피는 따뜻했다. '주고 싶은 마음, 먹고 싶은 마음' (퍼모스트), '우리 강산 푸르게 푸르게' (유한킴벌리), '가슴이 따뜻한 사람과 만나고 싶다' (맥심 커피), '아버님 댁에 보일러 놓아드려야겠어요' (경동보일러), '우리 것은 소중한 것이여' (솔표 우황청심원)

내가 주로 제일기획의 동료들과 함께 만든 광고 캠페인의 슬로건도 그런 과정을 겪으며 탄생했다.

"당신을 보내세요" KTX
"인생은 길기에" 삼성생명
"찌꺼기 없는 휘발유" 엔크린
"잘 나갑니다" S-Oil
"맛있게 맵다" 해찬들 고추장
"밸런스, 금융을 답하다" 대신증권
"햇살 좋은 날" 빙그레 아카페라
"3초만 음미하라" OB 골든 라거
"Everyday Casual" 랜드로버
"내 몸 같은 가발" 하이모

그러나 히트 광고의 카피 공식이 바뀌었다. 요즘 젊은이들에게 12시에 만나 아이스크림을 먹으며 데이트를 하자면 뭐라고 할까? 뒤도 안 돌아볼 것이다.

이제 미인이 되려면 잠을 자선 안 된다. 최신 기계를 도입한

병원에 가서 성형수술을 받아야 한다. 광고 언어는 시대의 정서가 투영된다.

알고 보면 스마트폰은 엄청난 성능의 컴퓨터다. 그 속에 노출되는 광고는 평소에 당신이 남긴 기록을 감지해서 정확히 당신을 다시 향한다.

'사진을 찍으실 분은 줄을 서세요!' 최근 정치판의 현장에서 유세를 벌이던 대선주자의 등에 새겨진 문구다. 사람들이 구름처럼 몰려 인산인해를 이루었다. 머리를 겨냥해서 인식을 바꾸는 역할이 아니라 더 직접적으로 행동을 끌어낸 역할을 했기 때문이다.

비싼 돈 들여 모든 사람에게 알리려는 바보는 사라졌다. 마음이 아니라 행동을 끌어내야 한다.

디지털 세상의 선생님은 책이 아니라 현장이다. 최근 육 개월 정도 노출된 광고카피를 두 그룹으로 나누었다. 두 개의 카피 그룹 중 어떤 그룹이 판매와 연결되었을까? 비교해보라.

"이름을 건다는 건 책임진다는 약속입니다" 장스밍크오일

"여자가 피는 자리!" 이브자리

"자연과 연인의 만남" 까르미 화장품

"사랑의 고뇌로 세계를 하나로" 르세르

"너무 잘 만들어서 죄송합니다" 모그라미

이름이 책임지겠다는 약속? 여자가 피는 자리? 자연과 연인은 어떤 커플일까? 너무 잘 만들어서 죄송하다고? 비교해보면 허점이 드러날 것이다. 다른 그룹이다. 읽어보고 차이점을 발견해보라.

"캐디도 못 잡는 1도를 잡아내는" 스나이퍼 볼마커
"두 번 잠그니까" 락앤락
"좋은 잠이 쌓인다. 좋은 나를 만든다" 에이스침대
"다이소 알바생이 뽑은 레어템 1순위" 굿나잇 라이트
"어깨까지 편한" 몽제 베개

타겟이 명확하고 메시지가 쉽다. 인터넷 서핑 중에 순식간에 나타났다 사라지니 명료하고 간결해야 한다. 지금 지구촌엔 실리적인 사람들이 산다. 무엇보다 제품이나 서비스가 주는 혜택이 분명해야 한다. 간결하고 구체적인 약속은 디지털 시대의 카피의 기본이다. 그러나 과장은 역효과다. 검색하면 실체가 곧바로 드러나기 때문이다.

2

심장을 맞추면 저절로 움직인다

24시간 광고에 휩싸인 시대가 왔다. TV를 보는 방법도 달라졌다. 스마트폰과 태블릿을 훨씬 많이 보고, 보고 싶은 프로그램의 보고 싶은 부분만 잘라서 본다.

심지어 많은 사람들이 광고를 보지 않으려고 값을 지불하기도 한다. 철저하게 고객 맞춤형으로 변한 구매 플랫폼은 1인의 관심사, 1인의 마켓이 된다.

새로운 서비스와 제품이 끊임없이 태어나는 한 광고도 그들의 정보와 사람들의 욕구와 취향 속으로 교묘하게 끼어든다. 기술이 진보하고 제품이 개선되는 만큼 매일 엄청난 양의 광고들이 쏟아진다.

기업은 고객의 데이터를 쥐고, SNS, 블로그, 플랫폼, 인플루언서, 라이브 방송 등 모든 수단을 총동원해 고객들을 거미줄처럼 옭아맬 것이다.

사람들이 반응하면 살고 썰렁하면 사라진다. 방문자 수는 쌓이지만 광고가 구매로 이루어지지 않을 때, 마케터는 새로운 구원자를 찾을 것이다. 개인주의가 디지털과 언택트를 만나 저마다 분절된 각박한 세상에서 의미와 행복을 찾으려고 전속력으로 살아간다. 그들이 찾아야 할 디지털 시대와 호응하는 관점을 이끄는 카피의 키워드는 바로 혜택과 사건과 휴먼이다.

혜택을 제시하라

"암보장에 강하다" 암스트롱 AIG암보험
"깃털 신고 달리는 기분" 스피드런 운동화
"견주, 집사 통장 지켜주는" 마이펫플러스
"칼퇴하는 마케터의 노하우" 미리캔버스
"정수기 월 3,900원에 가져가실 분" SK매직 렌탈몰

사람은 이득이 있어야 움직인다. 감동도 마찬가지다. 위대한 황제 보나파르트 나폴레옹은 이 점을 분명히 알았다. 그는 허

기와 추위에 지친 부하들에게 비옥한 옥토를 위해 목숨을 걸라고 했다. "병사들이여 그대들은 나를 잊었는가? 제군들 가운데 나, 진정한 황제를 죽이고자 하는 자가 있다면 앞으로 나와라. 난 여기 있다. 제군들, 그대들은 지금 헐벗고 굶주려 있다. 프랑스 정부는 제군들에게 많은 것을 빚지고 있다. 하지만 제군들을 위해 해줄 수 있는 것은 아무것도 없다. 나는 이제 제군들을 세상에서 가장 비옥한 평야로 인도하려 한다. 저 산맥만 넘으면 풍요로운 도시와 마을들이 제군들을 기다리고 있다. 거기서 제군들은 부와 명예와 영광을 수확하게 될 것이다."

사지에 몰린 병사들의 불타는 전의를 불러일으킨 연설문이다. 전쟁을 승리로 이끌어 온 나폴레옹은 그들에게 승리했을 때 던져 줄 이득을 명확히 제시했다. 비단 이것은 물리적 이득만이 아니라 감정적 동질감도 포함된다.

BTS를 탄생시킨 방시혁 프로듀서가 서울대에서 한 축사를 보자. 유튜브 시대의 비틀즈를 탄생시킨 그는 자신 있는 목소리와 표정으로 분노하라고 했다. 현실에 안주하지 말고 무사안일과 핑계, 불합리와 싸우자고 했다. 막연한 꿈을 좇다 보면 현실적인 문제를 외면하게 되는데 어떻게 밝은 미래가 오겠느냐는 것이다.

스티브 잡스가 스탠퍼드 대학에서 한 이야기와는 사뭇 달랐다. 그는 'Stay Hungry, Stay Foolish', 즉 모자란 듯이 좀 우직하게 살아야 기회가 온다고 했다. 인생을 장기전으로 바라본 것이다. 반면 방시혁 프로듀서는 경쟁으로 내몰린 심리적 박탈감에 시달리는 젊은이들의 마음을 사로잡았다. 지금 당장 눈앞의 각박한 현실을 이기지 못해 자살 충동까지 느끼는 그들에게 심리적 동질감을 주겠다는 의도였을 것이다. 감정적 동질감은 강력한 결속력을 갖는다.

구인구직기업 알바천국의 광고 슬로건은 '알바는 딱 알바답게'다. 언뜻 보면 개인주의에 물든 젊은이들의 소극적 태도를 반영한 광고처럼 보인다.

그러나 다른 의도가 있다. 편의점에서 일하는 알바생의 근무조건도 법이 정한 규정이 있다. 고용주와 알바생은 두말없이 그것을 지켜야 한다. 그러니 '알바는 딱 알바답게'라는 말은 고용주는 알바를 규정에 맞게 대접해야 하고 알바도 그에 따라 정확하게 근무하라는 뜻이다.

동상이몽 하지 말고 정해진 바에 따라 서로 쿨하게 지내자는 것이다. 약속을 어기면 벌을 받는다는 구체적인 계약을 통해 깔끔한 관계가 맺어진다. 알바생은 하기로 한 일은 끝까지 깔끔하게 마무리하고, 고용주는 약속한 일 외엔 어떤 무리한 일도 시키지 않아야 한다.

법에 명시된 규정을 바탕으로 광고를 만든 관계자는 "이번 광고는 젊은 알바생과 사장님이 서로 약속한 것을 잘 지키자는 의식 변화의 내용을 담았다"며 "캠페인을 통해 양측의 입장을 이해하고 목소리를 대변해 그들이 원하는 알바계의 룰을 재정립하는 데 최선을 다할 것"이라고 말했다. 그러니 '알바는 딱 알바답게'라는 문장은 서로가 기대하는 혜택의 조건을 잘 조율한 카피일 것이다.

이번엔 온라인 편집숍 29CM에서 운영하는 29TV의 광고카피다. 29TV는 소비자가 모바일을 통해 보고 있는 콘텐츠에서 제품을 바로 구매할 수 있는 라이브 콘텐츠다. 브랜드의 패션 및 라이프 스타일을 담은 29초의 짧은 영상을 통해 새로운 브랜드를 발견하고 취향에 맞는 제품을 바로 구매할 수 있는 비디오 커머스다.

소비자는 영상을 시청하고 상품을 탐색하다 마음에 드는 아이템을 발견하면 오른쪽 하단 버튼을 눌러 바로 구매할 수 있다. 아이템을 소개하는 크루가 취향에 맞으면 '+'버튼을 눌러 팔로우를 할 수 있고, 영상을 다시 보고 싶다면 하트를 눌러 위시리스트에 넣을 수 있다.

소비자가 사진에서 느끼기 힘든 정보를 영상을 통해 실재적으로 인식하고, 구매 사이트에 접속할 필요 없이 영상을 보며 바로 구매가 가능하기 때문에 소비자의 행동을 손쉽게 구매로 유도한다.

이들은 자신을 어떻게 알리려 했을까? 한번 혜택이 보이도록 작성해보라.

이들의 광고 슬로건은 '감각 있는 온라인 셀렉트샵'다. 여기서 고르면 감각이 있는 사람이 된다는 이야기다. 얼마든 쉽게 고를 수 있다는 이야기다. 단순하되 쉽게 고객의 이득을 표현했다.

그러니 이제부터 '북극곰이 사라지고 있다. 환경을 보호하자'라기 보다 '아이들의 땅이 사라지고 있다. 아이들의 미래를 생각하자'라고 써라. '지하철역에서 도보 5분 걸린다'가 아니라 '퇴근 후가 더욱 여유로워진다'라고 써보라. '이제부터 모든 민원은 인터넷에서 처리가 가능해집니다'보다 '이제부터는 동사무소에 가지 않고 집에서 주민등록증을 뗄 수 있습니다'라고 써라. '1년 후에 직장을 그만두는 비율이 20%'라고 적지 말라. '이번에 취업한 사람 5명 중 한 명이 1년 안에 그만둡니다'라고 적어라.

뉴스로 만들어라

"발가락 사이사이 숨 쉬는 운동화" 칸투칸

"여름철 빨래 공식 알려드릴까요?" 삼성전자

"책이 연기를 시작했다는 사실" 윌라 오디오북

"이 와퍼엔 고기가 들어있지 않습니다" 버거킹 플랜트 와퍼

인천공항 간이주차장 화장실에서 볼일을 보고 급히 빠져나오는데 변기 위에 이런 글이 쓰여 있었다. '육수를 흘리지 맙시다' 냉면집을 하는 집의 자제였을까? '남자라면 흘리지 말아야 할 것은 눈물만이 아니다'라는 오래된 문구보다는 효과적이지만 글쎄, 좀 더 효과적인 방법은 없을까?

어느 골프장의 화장실이었다. 소변기 밑에 예쁜 모양의 자갈이 자연스레 깔린 화분이 놓여 있었다. 나는 물끄러미 쳐다보다 바싹 다가섰다. 이 마케팅 고수는 누구일까? 화장실이 전시장의 격조까지 풍기고 있으니 도랑 치고 가재도 잡은 격이다.

그러나 이 방면의 탑은 네덜란드에서 유래된 변기통이다. 낙하지점에 파리를 새겨진 그 변기통 말이다. 귀찮은 그 순간을 게임 본능을 자극해서 조준 사격을 유발했다.

얼마 전 또 한 명의 고수를 만났다. '흘리면 탈락입니다' 오징어게임의 아이디어를 차용한 것이다. 모티브도 좋고 패러디도

좋다. 이처럼 문장을 시대적 사건과 접목시켜라. 시대적 사건과 같은 카피를 만들어라. 사건처럼 읽혀야 한다. 그래야 긴장감이 생겨난다. 내 일처럼 현실감이 부여된다. 오늘 벌어진 뉴스 같은 카피를 써라. 생생하고 싱싱한 자극이 되어 머릿속에 기억되고 각인될 것이다.

오늘 벌어진 사건에서 카피의 아이디어를 찾아내라. 온라인 상에 '카페에 출몰한 있지ITZY 빌런'이라는 제목으로 입소문을 탄 영상이 있다.

카페 영업을 마친 뒤 이어폰으로 노래를 들으며 청소를 하던 여성 아르바이트생. 이어폰 속 들려오는 걸그룹 '있지ITZY'의 노래에 흥이 오른 알바생은 조금씩 몸을 움직이다 곧 무아지경에 빠진다. 들고 있던 대걸레까지 내팽개친다. 이때 한 남성 손님이 영업이 끝난 줄 모르고 매장에 들어왔다가 격렬하게 춤을 추고 있는 알바생을 보고 당황한다. 한참을 춤추던 알바생은 손님의 존재를 눈치챈 뒤, 소스라치게 놀란다. 이내 알바생은 고개를 숙이며 죄송하다고 사과를 하고 남성 손님은 어색한 듯 박수를 쳐 준다.

위 영상은 종합 보안기업 에스원이 유튜버 '효크포크'와 함께 한 바이럴마케팅 콘텐츠인 것으로 확인됐다. 에스원 관계자는 "보안업은 경직되고 딱딱하다는 고정관념을 깨기 위해 영상을 제작했다"며 "TV광고를 동시에 진행한 것도, 대규모 캠페인도 아닌데 수천만 조회수를 달성한 것은 이례적"이라고 전했다. 영상을 접한 네티즌들은 '광고인 걸 알고 봐도 신박하고 재미있다', '보는 내내 웃음이 나왔다', '어쩐지 알바생이 춤을 너무 잘 추더라', 'CCTV 화면이 너무도 선명한 것에 깜놀!'등의 반응을 보였다.

아이폰 광고를 보자. 그들의 광고는 특별한 카피가 없다. 소비자의 작품을 광고의 소재로 사용한다. 아이폰으로 찍으면 작품 사진이 된다는 것이다.

애플은 SNS로 전 세계 아이폰 사용자 중 우수한 사진을 선별해서 각국의 대표 빌보드에 '아이폰으로 찍다'라는 카피의 광고를 내걸고 잡지나 신문을 통해서도 동일한 광고를 집행한다.

길거리에서 흔히 보는 팝업스토어는 소비자의 직접 경험을 유도하는 적극적 커뮤니케이션의 수단이다. 이 모든 광고 콘텐츠의 핵심에는 진정성이 자리하고 있다. 인위적인 콘텐츠가 아닌 리얼리즘이 담긴 콘텐츠가 공감을 사기 쉽고 판매 효과도 뛰어나기 때문이다.

이런 리얼리티 캠페인의 효시는 P&G의 '여자애처럼Like a girl' 캠페인이다. 다양한 나이의 사람들에게 '여자애처럼' 달려보고, 싸워보라고 요청하고, 실제 어린 여자아이들이 달리는 모습,

싸우는 모습과 얼마나 차이가 나는지를 보여준다.

결국 '소녀들은 자신감도 없고 소극적일 것'이라는 인식은 고정관념에 불과하다고 보여준다. 그리고 이런 고정관념을 개선하기 위해 여성들 스스로 자신감을 가져야 한다는 메시지를 전달한다.

연결력과 실행력을 높여 살아있는 사건의 아이디어를 캐내라. 오늘의 사건에서 오늘의 아이디어를 찾아야 한다.

SBI저축은행은 대한민국 저축은행의 독보적 1위이지만 그에 비해 기업 인지도는 매우 낮다. OK저축은행이나 웰컴저축은행처럼 독특하거나 기억에 남는 이름이 아니다.

SBI저축은행은 소비자 스스로 SBI라는 세 글자를 떠올렸으면 좋겠다는 취지에서 SBI 캠페인을 기획한다. 우리 주변의 SBI 이니셜을 가진 사람, 반려동물, 가게 등의 이야기를 소개하는 아이디어를 채택한 것이다. 소비자로부터 SBI의 사연을 받고, 선정된 사연의 주인공은 TV CF에 직접 출연해 자신의 이야기를 전달했다. 소비자 개개인의 사건과 함께 '누군가의 1등인 당신처럼, 힘이 되는 1등 저축은행'이라는 카피를 사용했다. 기업이 일방적으로 대중에게 메시지를 전달하던 기존의 방식에서 벗어나 소비자가 광고 소재를 제공하고, 광고에 직접 참여하고 소통하고 관계를 맺는 사건의 캠페인을 기획한 것이다.

인간성과 공공성에 호소하라

"대한민국에 뒷심이 필요할 때" 한돈 뒷다릿살

"처음으로 여행이 우리를 떠났습니다" 아시아나항공

"현충일이 잊혀질 때, 대한민국도 잊혀질 수 있습니다" 공익광고협의회

"일은 워워 줄이고 생활은 라라 높이는 행복 밸런스" 고용노동부 워라벨 캠페인

"더샵에 산다는 건 지구의 내일까지 생각한다는 것" 포스코 더샵

실직으로 낙담에 빠졌던 내게 건넨 한 노 선배의 위로는 그의 인간적 면모를 그대로 담은 것이었다.

"내 인생도 그랬네. 뭐가 좀 잘되면 다음엔 뭐가 안 되더라고. 골프가 딱 그렇지. 누구나 공 앞에 서면 네 번의 천당과 네 번의 지옥을 마주하지. 냉탕과 열탕을 오가는 거지. 그래서 너무 좋아도, 너무 나빠도 문제라네. 그래서 평범한 일상에 감사하는 거라네."

스피노자가 말하길 인생은 기쁨 아니면 슬픔이라고 했다. 그 둘은 서로 친한 친구처럼 엇갈리고 맞물려 찾아오고 떠나간다. 그 두 길 사이에 한가롭게 펼쳐진 기쁘지도 슬프지도 않은 평

범한 하루가 진짜 행복이다.

'산은 정지해 있으되 능선은 흐르고 있고, 강은 흐르고 있으되 바닥은 정지해 있다. 그대가 두 가지를 다 보았다고 하더라도 아직 산과 강의 진정한 모습을 보았다고는 말하지 말라'라는 말도 오르막 내리막 냉온탕을 오가며 사는 우리네 자화상이다.

이처럼 디지털의 각박함 속에서 아날로그적 문장은 빛을 발한다. 고객의 지갑을 열게 하는 카피의 마지막 키워드는 타인을 배려하는 이타적 인간성이다.

디지털 테크는 편리함을 선사했지만 각박함도 안겨주었다. 오로라가 장관이라는 아이슬란드로 이민을 가고 쌍계사 벚꽃이 근사한 지리산 자락으로 이주하는 사람도 그래서 생겨난다.

그 속에서 기업들은 광고라는 형식 안에 우리의 삶을 다시 한 번 생각하게 만드는 아날로그 콘텐츠를 넣어 공감을 얻는다. 애달픈 직장인들의 하루를 녹여 만든 건강음료 광고를 보면서 많은 직장인들은 동병상련을 느낀다. 물질을 할 수 없는 해녀 할머니에게 이동통신 기술을 통해 바닷속 추억을 선물하는 광고를 보며 어머니를 떠올리고, 콜센터 상담원을 대상으로 한 캠페인 영상을 통해 우리 사회의 감정 노동자에 대해 되새기게 만든다.

국내 최대 에너지 화학회사는 주파수의 진동을 이용한 사업

영역을 소개하는 광고와 평창 동계올림픽 응원 광고가 온라인 상에서 좋은 반응을 얻자 조회수에 비례해 기부금을 조성해 전달하기도 했다.

광고를 시청하고 클릭하며 반응한 시청자가 늘어나면서 생긴 결과다. 이 외에도 디지털 광고 기술과 예술가의 협업을 통해 아트버타이징Artvertising이라는 영역을 개척해 SNS에서 바람을 일으키거나 옥외 LED패널을 꾸며 소비자의 눈을 즐겁게 하며 퇴근길의 고단함을 덜어주기도 했다.

정보의 바다에서 헤엄치느라 스스로의 존재조차 잊어버리고 사는 사람들이 태반이다. 그렇기에 오히려 사람과 사람, 사람과 사회를 연결하려는 노력은 사람들의 호감을 이끈다.

인간적인 이야기를 담아라. 디지털 세상의 피곤함으로 물든 삭막한 세상일수록 인간의 이야기가 그리워질 것이다. 〈인간극장〉의 따뜻한 관계, 〈응답하라〉의 그리운 시절, 〈나는 자연인이다〉의 산으로 간 사람들의 이야기 등 인간다움과 관련한 이야기들이 끝없이 이어지고 있다.

제품의 이름이나 간판의 상호는 가장 짧은 형태의 광고카피다. 거리에 카피가 널려 있다. 고개를 들고 살펴보라. 사람 냄새 물씬 풍기는 이름들이 눈에 들어올 것이다.

마포역와 공덕역 중간쯤 가다 보면 효창공원쯤에 신성각이란 짜장면집이 있다. 이 집에 가서 짜장면을 얻어먹는 건 쉬운 일이 아니다. 12시가 다 돼야 문을 열고 재료가 소진되는 4시 경이 되면 문을 닫기 때문이다. 메뉴는 짜장, 간짜장, 탕수육 세 가지다. 짬뽕도 안 한다.

이 집의 면은 첨가제 없이 밀가루에 물만 부어서 수타로 뽑기에 먹고 나서 소화에 걱정이 없다. 당신이 주문을 하면 주인 이문길 씨는 그제서야 면을 두드리기 시작할 것이다.

우린 운이 좋은 편이었다. 낡았지만 잘 다려진 유니폼을 입은 주인은 짜장면은 가능하다고 했다. 뭘 섞지 않아 하얀색을 띤 면발 사이로 짜장이 진득하고 찰지게 섞였다. 돼지고기와 감자가 짜장과 함께 잘 버무려진 향이 콧속 저 안쪽으로 순하게 퍼져나갔다. 어렸을 적 맛본 그 맛이었다.

주인은 잘 드셨으면 되었다고 말했다. 그 집 문에는 이런 문구가 적혀있다. '지구촌에 살고 있는 어떤 사람이라도 단 한 그릇 먹어보고 눈물을 흘려 줄 음식을 내 혼신의 힘을 다하여 만들고 싶다. 21세기가 기다리고 있기에. 88년 10月 이문길' 인간다움이 물씬 느껴진다.

제주 애월읍에 자리 잡은 소리소문小里小文도 그런 곳이다. 책을 좋아하는 주인이 책을 직접 읽고 고른 책들이 작은 공간에 빼곡하다.

접하기 어려운 외국의 번역서들도 작은 공간의 한 귀퉁이에 가지런히 쌓여 있다. 멕시코의 한 작가의 책에 관해 묻자 주인은 그가 정신분열증을 앓은 탓에 책 한 권에 수십 명의 자아를 표현하고 있다고 자상하고 길게 설명해 주었다.

책방은 곁다리 책들이 없어 책을 고르는 수고를 덜어주었다. 책방은 숫기 없는 주인과 소박한 동네의 풍광과 닮아 있었다. 소리소문이란 이름에는 어둑해지는 한 겨울 제주에 소리도 소문도 없이 등불처럼 따스한 온기를 나눠 주겠다는 주인의 인간적인 마음을 담았다.

편의점 혼밥 인구가 늘듯이 밀레니얼 세대는 '나만의 행복'에 집중하기 위해서 '자발적으로 혼자되기'를 즐긴다. 〈효리네 민박〉과 〈나는 자연인이다〉처럼 자연과 전원생활을 그린 프로그램의 인기는 그런 이유다.

요즘 술집의 테이블 위에 올라오는 술은 '참이슬'도 '처음처럼'도 아니다. 하얀 병 푸른 상표의 16.9도 '진로이즈백'이다.

진로는 왜 돌아왔을까? 병에는 아버지들이 포장마차에서 컵으로 한잔 씩 들이킬 때 손아귀로 움켜잡았던 두꺼비 그림이 파란색의 라벨 위로 선명하다. 진로이즈백도 돌아가고픈 어린 시절의 추억과 향수를 건드린 것은 아니었는지.

경기 침체로 소비심리가 위축된 만큼 과거의 인기 제품들이 새롭게 해석되어 등장하고 있다. 롯데리아가 재출시한 오징어 버거, 간편식의 원조인 오뚜기 3분 요리, 동원F&B의 양반김, 38년 만에 부활한 농심의 해피 라면도 향수 트렌드에 올라탔다. 대중을 끌어들인 비결은 휴머니즘의 가치다.

〈응답하라 1988〉을 떠올려보자. 산울림과 들국화에 열광하며 덥수룩한 파마머리에 야전상의를 걸치고 디스코를 추며 나팔 청바지를 입던 세대의 이야기가 왜 주목받은 것일까?

스키니 진을 지나 온몸의 굴곡이 여실히 드러나는 레깅스가 거리를 활보하는 지금. 그 시절 사람들의 정서가 매대를 휘젓는 것은 나노 사회의 각박함의 반작용 때문이다.

이런 휴머니즘 마케팅은 대기업에서도 공격적으로 사용했다. 선한 기업으로 변신한 코카콜라의 사례도 그렇다. 코카콜라는 2011년 'Content Excellence'로 마케팅 방향성을 정하고 '나누다Divide'라는 광고카피를 정한 뒤 7개의 테마를 선정해 글로벌 캠페인을 전개했다.

떨어져 있는 앙숙지간의 나라의 국민이나 스포츠 라이벌의 팬들이 자판기를 보고 상대에게 인사를 하면 자판기로 콜라를 나눠 주었다. 스마트 센싱Smart Sensing의 디지털 기술이 사람 사이의 간격을 좁힌 것이다.

코카콜라 뚜껑을 이국만리 가족과 통화할 수 있는 코인으로 쓸 수 있게 만들기도 했다. 드론을 건물 옥상에 띄워 코카콜라와 함께 감사의 편지를 전달해서 이국땅에서 일하는 노동자들과 마음을 나눴다. 열대의 나라에 하얀 눈을 선물하고 이국땅의 아버지에게 감사의 마음을 전했다. 사람들의 따뜻한 이야기를 디지털 기술에 실어 나른 것이다.

유튜브를 열어보면 코카콜라의 이런 광고를 수없이 목격할 수 있을 것이다. 이 캠페인은 세계 광고제에서 많은 상을 휩쓸었다.

일본 자동차 도요타의 광고 'Loving Eyes, Toyota Safety Sense'는 아빠와 딸의 시선을 차례로 보여주며 전개된다.

광고는 자동차를 무대로 약 30년 동안 펼쳐진 아버지와 딸의 인생을 둘의 시선으로 각각 담아내며 자동차의 충돌 예방 시스템 'Safety Sense'를 소개한다. 자동차의 외관이나 기능을 중점으로 소개하던 기존의 제품 중심 광고에서 벗어나 감성적인 접근을 하여 소비자의 감정을 유발한다.

자녀가 성장하며 겪는 아버지와 딸의 사랑과 소통, 자녀의 결혼 및 출산 등 대부분의 인간이 공감하는 가족의 이야기를 통해 소비자의 공감을 이끌어 낸다. 시대는 바뀌어도 아버지의 마음은 영원하다. 딸은 보이는 곳에서도, 보이지 않는 곳에서도 아버지의 사랑을 받는다.

광고의 마지막에 '사랑은 보이지 않는 곳에서 지켜주는 것. 도요타는 사랑을 위해 일한다'라는 카피가 흐른다. '가족의 사랑'이라는 누구나 공감하는 휴머니즘적 가치를 소비자에게 전달한 것이다.

디지털시대의 광고카피의 중요한 키워드인 혜택과 사건, 그리고 휴머니즘은 별개의 배타적 조건이 아니다. 서로 결합된 형태도 있다. 먼저 SOS Children's Villages의 'Every Second Counts' 광고를 보자.

SOS 어린이 마을은 유튜브 광고를 활용해서 기부 캠페인을 실시했다. 이들은 카운트다운을 통해 광고를 스킵할 수 없도록 시청자들의 심리를 자극하는 광고를 기획했다. 클릭하면 곧바로 기부로 이어지는 버튼을 만들고, 이 버튼이 재생 시간에 맞춰 움직이도록 설정한 것이다.

기부할 수 있는 금액은 1초가 지날 때마다 1유로씩 감소했다. 시청자들은 시간이 지난 후에는 기부를 할 수 없다는 심리적인 압박을 느꼈다. 제한된 금액과 시간을 통해 희소성을 높여 참여를 유도한 것이다. 시간적 압박감을 주어 클릭을 이끌었고, 클릭이 곧바로 기부 창으로 이어지게 만들어 구체적인 소비자 행동의 변화를 만들었다.

이들이 시리아 아동들의 사진과 함께 내세운 광고카피는 '매 순간이 중요하다'이다. '매 순간'은 카운트다운이 이루어지는 현재에도 그들은 고통받고 있음을 의미했다. 이 캠페인은 인간애를 포함한 인간적 가치를 통해 인간의 감정을 파고들었다.

이 캠페인은 평소 시간이 가기를 기다리는 사람들이 스킵 버튼을 누른다는 점을 정반대로 활용했다. 시간의 촉박함을 느끼게 해서 참여를 이끌어 낸 것이다.

이번엔 니베아NIVEA의 'Second Skin Project'를 살펴보자. 니베아는 서로 멀리 살고 있는 모자를 섭외해 인공 피부를 체험할 수 있다며 프로젝트 참여를 유도한다. 인공 피부를 체험하는 줄만 알았던 어머니는 헤드셋을 벗는 순간, 눈앞에 있는 아들을 만난다.

이들의 카피는 '기술은 놀랍습니다. 그러나 인간의 감촉은 더욱 그러합니다'이다. 현대의 기술은 자유로운 소통을 가능하게 했지만, 사람의 감촉과 온기는 여전히 부족하다고 전하며 시청자들이 인간적 가치에 대해 생각하게 만든다. '그리움'에 대한 인터뷰를 진행하고, 한 가족의 이야기를 통해 메시지를 전달했다는 점에서 브랜드와 고객 간의 관계를 진실성 있게 맺어준다.

니베아는 스킨 상품을 주력을 판매하는 브랜드다. 제품의 기본 속성에 어울리는 '감촉', '온기'와 같은 키워드를 광고를 통해 자연스럽게 떠오르게 만들었기에 성공적인 광고로 평가된다.

5장

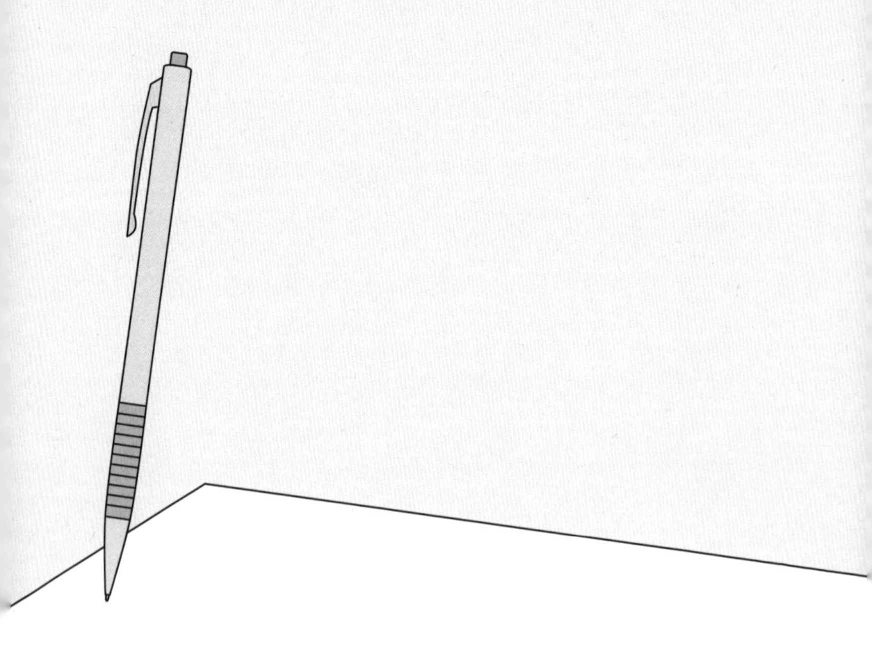

1

팔리는 카피의 4가지 유형

광고카피는 기억에 남아야 한다. 짧고 쉬워야 한다. 카이사르의 말들은 이 유형에 속한다. "주사위는 던져졌다alea iacta est" 이 말은 카이사르가 루비콘 강가에서 강 건너기를 망설이는 병사들에게 한 말이다.

"왔노라, 보았노라, 이겼노라veni, vidi, vici" 카이사르는 로마에 반역한 폰토스의 왕 파르나케스를 물리치고 원로원에 이와 같이 보고했다.

"브루투스 너마저?Et tu, Brute" 이 말은 원로원 회의에 참석한 카이사르가 브루투스에게 암살당하면서 마지막 순간에 남긴 말이다.

광고카피가 짧은 형식미를 지닌 것은 돈을 주고 사는 소비자들의 시선을 임팩트 있는 글로 잡아끌어야 하기 때문이다.

전설적인 카피라이터 헬 스테빈즈Hal Stebbins의 공동모금 캠페인 카피 '사랑에는 돈이 든다love costs money', 필자가 기획한 KTX의 광고 슬로건 '당신을 보내세요' 모두 짧고 임팩트 있는 카피의 전형이다.

이 카피들의 공통점은 단지 짧은 것이 아니다. 압축하고 축약하면 힙합 래퍼들이 즐겨 쓰는 라임이 생긴다. 운율에 맞춰 머릿속에서도 흥얼거리게 된다. 중독성 있는 카피는 리듬을 타듯 입에서 맴돌다 머릿속에 자리 잡는다. 압축해서 언어의 리듬감을 활용하는 것은 대표적인 카피 작법이다.

좋은 카피를 쓰는 두 번째 비법은 언어의 이중성을 활용하는 것이다. 말리면 시래기가 되는데 버리면 쓰레기가 된다. '말리면 시래기, 버리면 쓰레기'라는 카피는 그렇게 태어났다. 시래기와 쓰레기의 발음의 유사성이 여기에 보태져 카피의 맛이 생겼다. 위트와 유머가 생겨 카피에 대한 선호도가 올라가고 상기율도 높아진다.

세 번째 카피 공식은 뉴스화다. 스마트폰의 등장은 당신이 말하려는 내용에 화제성만 부여된다면 발을 달고 천 리를 달려간다. 뉴스 리포터의 속보처럼 오늘 일어난 사건으로 만들면 된다. 지금 옆에서 벌어진 것 같은 현실감과 현장감이 살아나 관심과 이목이 집중된다.

뭐니해도 인간은 감정의 동물이다. 디지털시대의 마지막 카피 공식은 감각화다. 당신의 카피 속에 감정의 옷을 입혀 호소해서 공감을 심화시키는 것이다. 이들의 공통점은 사람들의 머리와 가슴에 남아 있지 않고 손과 발을 움직인다는 것이다.

최근에 회자되는 바이럴마케팅의 어원도 세상으로 뿌려진다는 뜻이다. 많은 카피 사례를 분류해 본 결과 리듬감과 이중성을 활용하는 것, 그리고 사건화와 감각화의 경향은 최근에 회자되는 광고카피의 공통점이다.

이 유형을 공부하고 연습해볼 수 있도록 비슷한 유형의 문장을 골라 곁들였다. 당신이 고민하는 카피에 대입해서 연습하고 작성해보라. 그리고 당신의 SNS에 적용시켜 확인해보라.

압축하기

첫 번째는 압축법이다. 앞서 말했듯 칼 세이건Carl Sagan은 지구를 '창백한 푸른 점Pale blue dot'이라고 압축시켰다.

이 방법은 일반적으로 통용되는 삶의 지식이나 지혜의 단면을 차용해서 압축과 절제를 통해 제품이나 서비스를 정의 내린다. 시대 정서를 대변한 철학적 면모를 보여 인사이트 카피라고도 불린다. 이모티콘이나 축약어로 통용되는 속도와 가벼움의 세태를 생각해보면, 이런 인사이트형의 카피는 점점 줄어들 것이다.

"회사는 일만 하는 곳이 아니다 그녀, 미장센스타일" 미장센
"봄은 오는 것이 아니다. 가는 것이다" 라쿠텐 여행사
"처음으로 여행이 우리를 떠났습니다" 아시아나항공
"모든 플레이는 눈으로부터 시작된다" 아이클리어
"공간을 설계한다는 것은 머무르는 사람들의 시간을 설계한다는 것" 힘찬건설
"트렌드 내일 알면 늦어요" 커리어 리마케팅
"신문을 보지 않았다면 평범한 하루였다" 아사히신문
"이름을 건다는 건 책임진다는 약속입니다" 장스밍크오일
"나대지 않는 맛의 조연" 미원
"여자는 스캔들을 꿈꾼다" 훼미닌스타일리스트
"낮에는 화장빨, 밤에는 채팅빨, 넌 누구니? 국가대표청춘영화" 영화 〈후아유〉
"스물 일곱에게는 빛나는 매력이 있어야 한다" 엔프라니 라이트섬 파운베이스
"완벽한 밥이 되는 온도" 쿠첸
"Think small" 폭스바겐
"The UnCola" 세븐업

"Just do it" 나이키

"Style never die" 크로커다일

"나는 미래를 기다린 적이 없다. 나는 언제나 그 시대의 미래였다" 메르세데스 벤츠

"여행은 살아보는 거야" 에어비앤비

"정말 많이 해 본 사람. 정말 오래 할 수 있는 사람" 금강기획

"지도에 남기는 일" 일본 건설회사 다이세이

"30대는 20대로 완성된다" 리쿠르트

"All live young" 올리브영

"소리 없이 세상을 움직입니다" 포스코

"세상이 흔들려도 당신은 흔들리지 않도록" 현대철강

"꾸준함이 쌓이면 넘을 수 없는 실력" KCC

"문제는 찌꺼기" 엔크린

"부자 되세요" BC카드

"20대여 영원하라" 엔프라니 화장품

"당신의 능력을 보여주세요" 삼성카드

"긍정의 힘을 믿습니다" 국정홍보처

"나는 나를 넘어섰다" GM대우

"대한민국 1%" 일품진로

"경주에 가면 힐튼이 있습니다" 힐튼호텔

"우리나라 우리은행" 우리은행

카피 쓰기에 도움이 되는 문장들

일반적인 지식이나 상식에 부합되어 시대 정신으로 사람들에게 인정받거나 사람들의 속마음을 담은 문장

사자성어

둔필승총鈍筆勝聰 : 서툰 글씨가 기억보다 낫다.

대교약졸大巧若拙 : 뛰어난 솜씨는 어설퍼 보인다.

단도직입單刀直入 : 요점으로 곧장 직행한다.

줄탁동시啐啄同時 : 안팎에서 도와야 일이 된다.

속담, 경구

"치킨은 살 안 쪄요 살은 내가 쪄요"

"순간의 선택이 평생을 좌우한다"

"사막이 아름다운 것은 어딘가에 샘이 숨겨져 있기 때문이다" 생떽쥐베리

"여자의 마음은 갈대"

"하나를 보고 열을 알면 무당이다" 박명수

"기분이 저기압일 땐 반드시 고기 앞으로 가라"

"구르는 돌은 이끼가 안 낀다"

"구겨진 종이가 더 멀리 간다" 드라마 〈광고천재 이태백〉

"빨리 달궈진 쇠가 빨리 식는다"

"손수건은 나를 위해 소지하는 것이 아니라 남에게 빌려주기 위한 것이다" 영화 〈인턴〉

"새들이 날아갈 때 곡선을 그리지 일직선으로 날아가는 법이 없어요" 지율 스님

"대답하기 전에 한 번 더 생각해 봐요" 노래 〈Think Twice〉, 브룩 벤튼

책, 유행가, 인기 드라마나 영화속 제목이나 대사

"기차는 8시에 떠나네" 노래 〈기차는 8시에 떠나네〉, 아그네스 발차

"아침형 인간" 책 《아침형 인간》, 사이쇼 히로시

"40대에 반드시 해야 할 40가지" 책 《40대에 꼭 해 두어야 할 40가지》, 사와다 야스오

"두 시의 데이트" 라디오 〈두 시의 데이트〉

"사노라면" 노래 〈사노라면〉, 쟈니 리

"집으로" 영화 〈집으로〉

"난 참 바보처럼 살았군요" 노래 〈난 참 바보처럼 살았군요〉, 김도향

"고마해라. 많이 묵었다 아이가" 영화 〈친구〉

"톨스토이처럼 죽고 싶다" 책 《톨스토이처럼 죽고 싶다》, 김별아

"키스하지 말아요. 다시 입맞춤을 한다면 당신 곁을 떠날 수 없을 거예요" 영화 〈파리의 마지막 탱고〉

전환하기

많은 카피가 이런 형태다. 언어의 이중성Double Meaning을 활용해서 재치 있게 맥락을 바꿔 새로운 의미를 발생시킨다. 카피 자체에서 맛과 멋이 발생하며 위트와 유머가 생겨 주목률이 높아지고 기억하기 쉬워진다.

백산수는 백두산 천지의 물이다. 이걸 이용해서 경쟁사의 물과는 완전히 다른 물이라는 것을 어필하기 위해 '천지차이'라고 했다. 휘발유는 차의 동력원이다. 이 말을 그대로 쓰면 재미없다. 좋은 기름을 넣으면 잘 나가는 인생처럼 차도 잘 나갈 것이라는 발상을 통해, '잘 나갑니다'라는 카피를 떠올렸다. 좋은 기름 S-Oil의 카피는 그렇게 태어났다.

"천지차이" 백산수

"양많아미쵸 맛있어미쵸 배사메무쵸" 진비빔면

"좋은 잠이 쌓인다, 좋은 나를 만든다" 에이스침대

"깊이가 만드는 높이" 푸르지오 써밋

"참!참!참!" 참소주

"대한민국의 뒷심" 한돈뒷다릿살

"남자는 마초. 치킨은 맛초킹" BHC 맛초킹

"새로운 나를 발견하세요, 새삶스럽게" 이케아

"캐스퍼가 새로운 케이스를 만든다" 현대 캐스퍼

"무해함, 그것은 무한함의 시작" 전기차 폴스타2

"당신의 숙취에 왔따!" 상쾌환

"하나하나가 새롭다" 하나투어

"오래 고아야 예쁘다" 배달의 민족

"기분 좋은 가치소비, 多가치온기" 한국지역난방공사

"더위를 벗다, 시원함을 입다" 제이브로스

"우리 아이가 '달라'줬어요" 하나은행 아이부자

"우린 약하지 않아, 우린 금지 약물을 하지 않아" 한국도핑방지위원회

"상처엔 역시! 옛솔, 칫솔 마데카솔" 마데카솔

"衣라차차! 이벤트 참여하고 삼성의류케어를 만나보세요!" 삼성전자

"컵나좋군, 떠먹는 컵피자" 오뚜기 컵피자

"Only One인가? Best One인가?" 아이리버

"잘 나갑니다" S-Oil

"e-편한 세상" e-편한세상

"하이모도 몰라보는 하이모" 하이모

"작은 차이가 명품을 만든다" 필립스

"새우의 자존심을 세우다" 롯데리아

"다 때가 있다" 배달의 민족 때수건

"반하나? 안 반하나?" 빙그레 바나나맛 우유

"오늘 시작하는 인테리어" 오늘의 집

"세금환급 쩜쉽게, 삼쩜삼" 삼쩜삼

"니들이 게 입맛을 알어?" 바잇미

"겨울 옷, 세탁할 때가 됐나 봄" 크린토피아

"맛있는 거 옆에 맛있는 거" 스프라이트

"알길 원해? 우리 WON해!" 우리은행

"나 여기 가꼬야 하코야 씨푸드 뷔페" 하코야 뷔페

"방을 찾다방을 찾다" 다방

"김치말이지 말입니다" 아워홈

"수재다 수재, 10년에 한 번 나올까 말까 한 수제 버거" 맘스터치

카피 쓰기에 도움이 되는 문장들

댓구적 반어적 재치와 재미를 살린 어휘와 문장

반어

"작은 것이 큰 것이다"

"하고 싶은 일을 해서는 하고 싶은 일을 못 한다"

"불광불급, 미치지 않고서 미치지 못한다"

"아름다운 오해, 즐거운 불편"

"어린이는 어른의 아버지"

반복

"산에는 꽃 피네, 꽃이 피네 갈 봄 여름 없이 꽃이 피네" 시 〈산유화〉, 김소월

"내가 잘했다고 말해줘, 잘했다고"

"사랑이 또 온다고 해줘, 또 온다고"

사투리의 동질성

"오매 단풍들것네"

"우리가 남이가"

"고마해라. 많이 묵었다 아이가" 영화 〈친구〉

이름의 친근함

"유희열의 스케치북"

"이규연의 스포트라이트"

"신당동 마복림 할머니 떡볶이"

주객전도

"책을 읽고 싶어서 떠나는 여행"

"해장국을 맛있게 먹고 싶어 술을 마신다"

뉴스화하기

세 번째는 뉴스화다. 어떤 사건의 뉴스를 만들어라. 카피에 뉴스를 전하는 리포터의 리얼리티를 접목해라. 사실성 있는 정보를 바탕으로 뉴스성의 카피로 사람들의 관심을 끌어 주위에 퍼뜨리는 것이다.

"어떡하지? 숨고하지!" 숨고

"당신 근처에서 만나요" 당근마켓

"여름철 빨래 공식 알려드릴까요?" 삼성전자

"국내최초! 4K 블루레이 BP60 출시" 정진씨엔에스

"치과 의사가 만든 치약" 닥터클러브

"책이 연기를 시작했다는 사실" 윌라 오디오북

"술집에서 민증 검사 못 받는 3040여성 주목!" 닥터헤디슨

"보라! 이 놀라운 연비는 어디서 오는가?" 아우디 A4 2.0

"콘텐츠로 수익 내는 법! 지금 프리미엄 콘텐츠에서" 네이버 프리미엄 콘텐츠

"20개의 건강한 치아를 80세까지" 2080치약

"열심히 일한 당신, 떠나라" 현대카드

"장판 틀긴 애매해?" 바디럽 이불

"아이패드 그냥 받으세요!" 스피킹맥스

"동전으로 투자하세요!" 카카오페이

"할인막차, 곧 떠날 예정" 바잇미

"모서리에 싸도 새지 않는다고?" 바잇미

"매일 아침 상처받는 남자들을 위한 쉐이빙 혁명템" 젠틀프로젝트

"오늘 사면 돈 버는 이유" 국민상점

"뿌리고 나가면 다들 물어봐요" 포멘트

"말도 안 되지만 벌써 1억캔!" 필라이트

"닦으면서 치료하는 요즘 잇몸약" 잇치

"금융이 쉬워진다" 토스

"5일 뒤에 가격이 올라요" 하이파더

"현대종합상사 박래열 차장님이 이름 걸고 극찬하신 신발" 칸투칸

"괜히 3분에 1대씩 팔리겠어?" 헤이딜러

"오늘 사면, 내일 도착!" 브랜디

"럭키딜 행운의 주인공은 바로 나" 한스타일

"책 한 권 값으로 2만 권을 자유롭게" 밀리의 서재

"요금폭탄 맞아도 '싸요'" KB 리브모바일

"안마의자, 의료기기가 되다" 바디프렌드

"이미 25,000개 팀이 스티비를 사용하고 있어요!" 스티비

"AI를 통한 새로운 청소의 시작" 삼성 비스포크 제트

카피 쓰기에 도움이 되는 문장들

때와 장소, 상황이 서사적으로 묘사된 문장

구체적 정보

"아기에게는 엄마 젖이 제일 좋습니다"

"최고의 소화제는 꼭꼭 씹어 먹는 것, 그다음은 베아제"

정보 비교

"차 값이 얼만데요?"

"아이가 물을 달라면 우유를 주세요"

명령과 지시

"할리 데이비슨에 오르라"

"아이들에겐 영웅이 필요하다"

감각화하기

네 번째, 마지막은 감각화다. 인간의 서정성을 활용해라. 허진호 감독은 그의 영화 〈봄날은 간다〉에서 사랑을 대하는 남녀의 입장을 '라면 먹고 갈래?'와 '사랑이 어떻게 변하니'라는 은유적 대사로 함축했다. 문학적 수사로 감각과 감정의 옷을 입히는 방법이다. 오감에 진심을 더해 울림 있는 카피로 독자를 감동시키는 작업이다.

"인생탁! 맛있다" 생탁 막걸리
"여행, 가볍게 깊어지다" 소니
"피부가 마시는 레드와인" 라끄베르 하이드로 싸이클링
"올겨울 우리의 심장은 함께 뛴다" 노스페이스
"으쓱, 우리나라 맥주도 이렇게 상쾌할 수 있다니" 하이트 프라임
"지키고 싶은 따뜻함" 왕뚜껑
"일상을 짜릿하게" 아반떼
"여행은 살아보는 거야" 에어비엔비
"벚꽃 데이트 갈지도 모르니까 미리 준비하세요" 캐논
"고향의 맛" 다시다
"3초만 음미하라" 오비라거
"가슴이 따뜻한 사람과 만나고 싶다" 맥심
"세계를 움직이는 붉은 에너지" SK주식회사
"즐겨 너의 시작을" 클래스 101
"엄마의 마음을 입습니다" 스파오
"우리가 사랑한 패션의 모든 것" 무신사
"너에게 밥을 보낸다" 배민 선물하기
"네 안의 파랑을 깨워봐!" 포카리스웨트

카피 쓰기에 도움이 되는 문장들

시, 소설, 에세이 등에 은유적으로 표현된 감각적 감성적 문장

색의 이미지

"Be the Reds, 적과 흑"

"Love is blue"

"여자는 어딘가에 빨간색을 칠해야 마음이 놓인다"

상대에게 말 걸기

"당신을 감탄합니다"

"You're not alone"

"엄마가 해줄게"

반어적 강조

"니들이 게맛을 알어?"

"못 생겨서 죄송합니다"

"잠시 꺼두셔도 좋습니다"

"저희는 반말을 하지 않습니다" 자동차학원

비유적 상징

"땅끝마을"

"마지막 주유소"

"마지막 춤은 나와 함께"

"브루클린으로 가는 마지막 비상구"

연호와 선동

"젊은 그대, 잠 깨어 오라"

"산산이 부서진 이름이여 허공중에 헤어진 이름이여 불러도 주인 없는 이름이여 부르다가 내가 죽을 이름이여"

시 〈초혼〉, 김소월

솔직함의 파괴력

"널 부숴버릴 꺼야"

"공장이 망했습니다"

"문제는 경제라구 이 바보야"

대표인물 설정

"엄마야 누나야 강변 살자"

"서울 가신 오빠는 소식도 없고"

"최 대리는 점심 후에 스타벅스 커피를 마신다"

"키스할 때 눈을 감지 않는 당신"

"미녀들의 시크릿"

"육아 고민에 대한 오은영의 금쪽 솔루션"

"반려견의 건강을 생각한다면"

"14만 부모들의 선택"

직유

"사랑은 움직이는 거야"

"하늘이 운다"

"고향의 맛"

"나는 찬밥처럼 방에 담겨"

"티밥 같은 별"

"솥뚜껑 같은 아빠 배"

"남자의 창, 넥타이"

문학적 은유

"늦은 밤 묵직하게 찾아오는 불청객, 미스터 위장병"

"겨울이면 제멋대로 찾아와서 제멋대로 가버리는 바람둥이, 감기"

"난 참 바보처럼 살았군요"

초감각적 비유

"울 준비는 되어 있다"

"사막을 건너는 법"

"꽃피는 계절에 일만 하는 바보들아"

"동쪽 울타리에 피어난 국화를 따는 계절"

"가을 심금을 울리다"

"흔들리지 않고 피는 꽃이 어디 있으랴"

차용과 대유

"목련꽃 그늘 아래서 베르테르의 편질 읽노라" 시 〈사월의 노래〉, 박목월

"회사를 그만두고 소크라테스의 삶을 생각했다"

"당신의 이름을 지어다가 며칠은 먹었다" 박준 시인

상징화

"복날은 간다"

"식성이 어떻게 변하니?"

"살다 보니 늘 푸른 소나무가 아니었다"

진정성과 휴머니즘

"연탄재 함부로 차지 마라 너는 누구에게 한 번이라도 뜨거운 사람이었느냐" 시 〈너에게 묻는다〉, 안도현

"단추를 채워보니 알겠다. 세상이 잘 채워지지 않는다는 걸" 시 〈단추를 채우면서〉, 천양희

"내가 좋아하는 사람이 나를 좋아해주는 건 기적이다" 책 《어린왕자》, 생텍쥐베리

"엄마 씀, 잠은 좀 집에서 자고" 시 〈엄마는 출장중〉, 김중식

"모든 것을 소유하고자 하는 사람은 어떤 것도 소유하지 않아야 한다" 법정 스님

2 ▼

1초 만에 따라 하는 카피 쓰기

마케팅의 제1원칙

좋은 카피를 쓰기 전, 전제되어야 할 조건은 무엇보다도 품질이 좋아야 한다는 것이다. 청바지의 원조 리바이스 브랜드의 창시자 리바이 스트라우스의 슬로건은 다음과 같다.

'품질은 결코 유행에 뒤처지지 않는다Quality never goes out of the style'

품질이 뛰어나다면 결코 유행에 휩쓸리지 않는다. 뛰어난 카피를 생각하기 전에 먼저 자신의 제품을 점검하라. 그리고 다음 페이지에 이어지는 카피 체크리스트를 따라간다면, 당신은 반드시 성공적으로 마케팅을 이뤄낼 수 있을 것이다. 기억하라, 품질은 최고의 보증수표다. 이것은 마케팅의 제1원칙이다.

트렌드를 따라가라

개인주의 시대

"가전을 나답게" 삼성전자

자기다운 삶을 주장하는 경향은 지속될 것이다.

ESG경영

"우리에겐 하루 세 번, 지구를 구할 기회가 있다" 풀무원

환경을 생각한다는 가치를 담아 소비자에게 접근했다.

유행어, 밈

"범 내려온다 호랑이치킨이 온다" 60계치킨

SNS에서 화제가 된 이날치의 음악 〈범 내려온다〉의 가사를 카피에 차용했다.

고객의 속마음을 들춰내라

"내 근처에서 당신 근처까지" 당근마켓

반경 10km 이내에 사는 사람들의 생활환경과 취향은 비슷하다는 통찰을 활용했다.

"너의 손이 아니라 입에서 녹는다" M&M 초콜릿

초콜릿이 너무 맛있어서 잠시라도 손에 두기 싫다는 표현이다. 잘 녹는 초콜릿 때문에 옷에 얼룩이 남았던 불쾌한 기억까지 활용했다.

동음이의어를 활용하라

가장 많은 카피의 형태다. 이는 곧 가장 효과적이기도 하다는 뜻이다.

"압도적 쓱케일, SSG.COM" SSG

"~도 무신사랑해" 무신사

"겨울옷 세탁할 때가 됐나 '봄'" 크린토피아

"대한민국 지지 맙시다, 허기지지 맙시다" 롯데리아

"우리 아이가 '달라'졌어요" 하나은행 아이부자

"천지차이" 백산수

"우린 약하지 않아, 우린 약물을 하지 않아" 한국도핑방지위원회

단도직입적으로 표현하라

"결혼해 듀오" 듀오

"밟지말고 밟으세요" 환경오염캠페인

"야, 너두 영어 할 수 있어!" 야나두

"샛별 뜰 때가 가장 신선할 때" 샛별배송

"치킨은 살 안 쪄요, 살은 내가 쪄요" 배달의민족

"상처엔 역시! 옛솔, 칫솔, 마데카솔" 마데카솔

"Finger Lickin' Good. 빨아먹고 싶은 맛" KFC

심플하게 말하라

"새삶스럽게" 이케아

"금융이 쉬워진다" 토스

"초특가로 놀자" 야놀자

"신선함을 매일" 매일우유

"동네친구가 필요할 땐" 틴더

"오래가는 건전지" 듀라셀

"세상에서 가장 작은 카페" 카누

"숨을 위한 숲" 환경재단

반복하라

"손이 가요 손이 가 새우깡에 손이 가요" 새우깡

"올겨울 혼자어때 둘이어때 셋이어때" 여기어때

"에헤이, 마, 하모" 부산관광공사

"대한민국 감기약, 피리린 판피린 동아제약" 판피린

"SMARTER, DEEPER, WIDER, BETTER" 데스커

"좋은 잠이 쌓인다, 좋은 나를 만든다" 에이스침대

의인화하라

"겨울 피부, 히터를 즐기다" 헉슬리

"누구 데리고 다닐래?" 소니 카메라

"미원아, 나대지 마" 미원

"케첩에 당한 와이셔츠 긴급 이송 중!" 세탁특공대

그들을 특별하게 만들라

"진정한 후원은 후원이 끝나게 하는 것입니다" 월드비전

"누군가를 위해 예뻐지지 않아" 낫포유

제한하라

"딱 하루만! 오늘의 특가 찬스"
"5일 뒤에 가격이 올라요" 하이파더

휴머니즘을 건드려라

"아버지가 되면, 사진은 훌륭해진다" 캐논
"도망가자, 엄마도 휴가가 필요하니까" 여기어때
"나를 아끼자" 박카스
"엄마의 마음을 입습니다" 스파오
"건강의 미래, 이미 손목 위에" 애플워치

정체성을 강화하라

"다이어트는 포토샵으로" 배달의 민족
"여행은 살아보는 거야" 에어비엔비
"네 안의 파랑을 깨워봐" 포카리스웨트
"세상에서 가장 작은 카페" 카누

진정성을 보여줘라

"바른 먹거리" 풀무원

"Life is good" LG전자

"우리 강산 푸르게 푸르게" 유한킴벌리

"브랜드가 아니다. 소비자다" 노브랜드

"All live young" 올리브영

"투명은 안심이다" 가그린

"가전, 작품이 되다" LG가전

"Just do it" 나이키

"침대는 가구가 아니다" 에이스 침대

"알바는 딱 알바답게" 알바천국

"즐거움의 시작" tvN

"길을 만들다" 현대 엘리베이터

"의자가 성적을 바꾼다" 시디즈

"현대해상이 당신의 평범한 오늘을 지킵니다" 현대해상

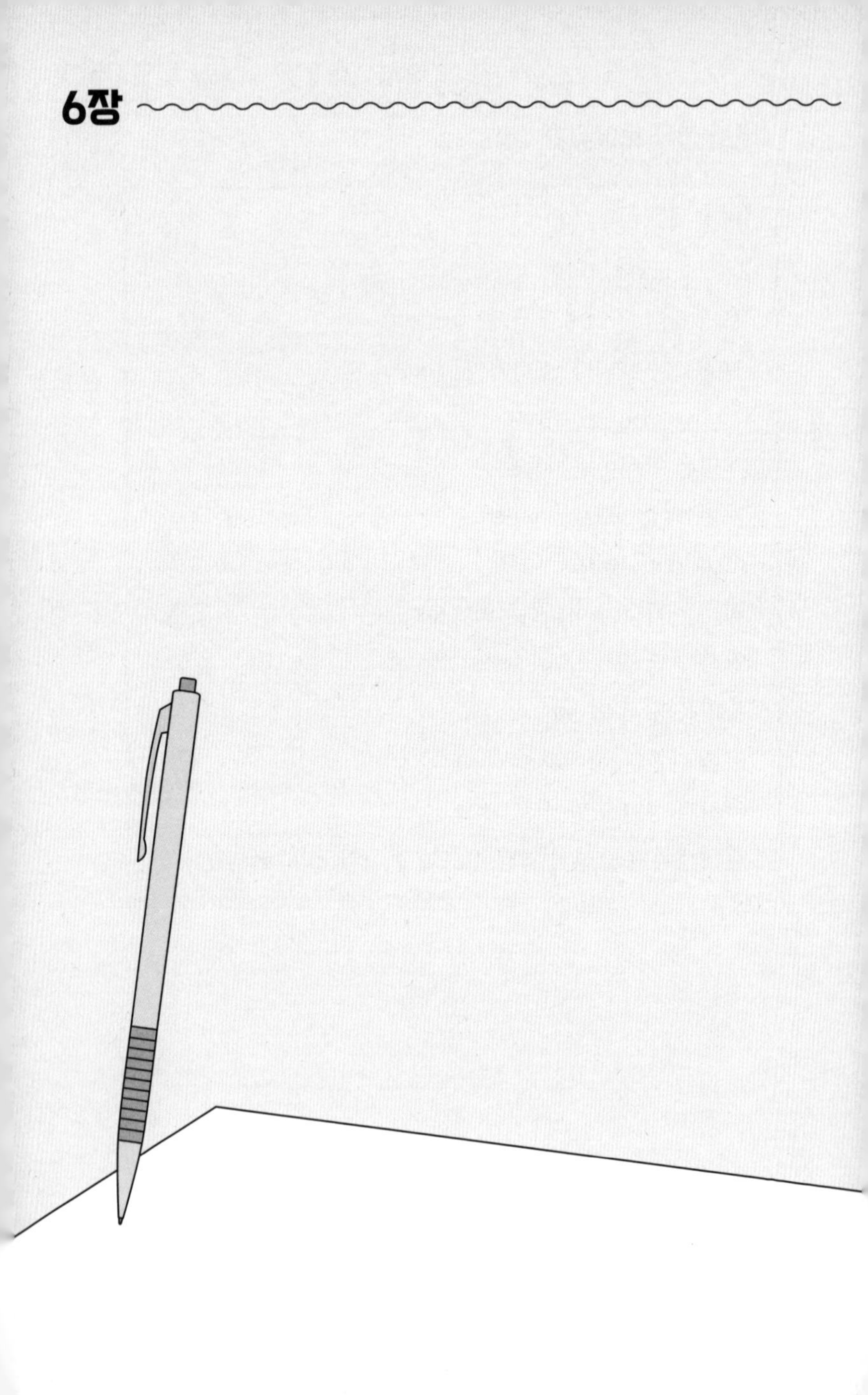

6장

카피 라이팅 실습 10가지

원칙을 알면 먹힌다

광고카피는 생산자의 의도와 소비자의 필요를 연결하는 수단이다. 식당의 주인이 요리한 음식을 그릇에 담아 손님에게 내놓듯이 당신의 의도는 글과 이미지로 표현되어 고객에게 전달된다. 여기엔 광고할 제품이나 서비스가 갖는 특성이 반영된다.

중국집과 한식집, 양식집의 음식 그릇을 떠올려 보라. 국과 찌개와 스프를 담는 그릇이 다른 것은 당연하다. 물건을 파는 광고카피에도 상품별로 몇 가지 원칙이 있다.

자동차와 화장품을 판매하는 세일즈 베테랑의 말을 유심히 들어보면 확연히 차이점이 보인다. 자동차는 신뢰도를 높여야

팔린다. 부드러운 화법과 전문적인 용어를 섞어 고객에게 편안하고 안락한 시트에 앉아 대화를 나누는 고급스런 느낌을 줘야 한다. 그의 옷차림도 세련된 수트여야 한다.

반면 화장품은 기대감을 높여야 한다. 영양 크림을 바른다고 얼굴에 갑자기 윤기가 도는 것도 아니고 립스틱을 칠한다고 화사한 생기가 도는 것도 아니지만 운 좋게도 타고난 피부를 지닌 모델의 한마디면 소비자도 머지않은 미래에 그렇게 될 수 있을 것 같다는 심리가 생긴다.

제품이 가진 본질적인 속성과 기능을 브랜드 아이덴티티라고 한다. 광고카피는 이 브랜드 정체성을 반영한다. 자동차와 화장품의 쓰임새와 가격과 고객이 다르듯 상품군마다 브랜드 정체성이 다르다.

당연히 상품군에 따라 쓰여지는 광고카피의 원칙이 있다. 술 광고에 활용되는 단어나 문장, 그리고 자동차 광고에 쓰이는 그것은 당연히 다를 것이다. 그것부터 짚어보고 나서 최근의 변화된 카피의 흐름에서 새로운 규칙을 찾을 것이다. 기본이 튼튼해야 응용도 가능하기 때문이다. 현재의 좌표를 살펴야 갈 길이 뚜렷해진다. 제품의 카테고리별로 광고카피의 유형과 최근의 방향성을 살펴보자.

이 파트를 여러분들이 고민하고 있는 문장과 카피를 뽑아낼 가이드라인으로 활용하면 좋겠다. 10개 카테고리로 나누었다. 현재의 광고를 소개하고 네 가지의 카피 작성 공식을 활용해서 새로운 카피를 제시했다. 그 과정과 결과를 살펴보면 당신이 고민하는 카피를 해결하는 아이디어의 뿌리를 발견할 수 있을 것이다.

1 ▼

아파트
자는 곳에서 삶의 일부분으로

정우성이라는 빅모델이 나와 '센트레빌에 산다는 건 집에서 더 몰입할 수 있다는 것'이라고 말하는 광고가 있다. 코로나가 집의 공간을 일터의 공간으로 바꾸듯이 살만한 세상의 부엌은 주부가 일하는 공간에서 가족과 소통하는 공간으로 바뀌었다.

'건강한 사치를 누리자'라는 카피로 아파트에 웰빙의 의미를 부여한 포스코 더 샵 광고, '아파트와 생태계의 조화'라는 대림건설의 e-편한세상 광고, 기능성과 심미성을 높여 주방을 주부의 사무실 또는 가족 공동실로 한층 업그레이드시킨 한샘 인텔리전트 키친. 주부의 키에 맞는 인체 공학적 설계로 웰빙 인테리어를 강조한 리바트 주방가구 리첸의 광고를 살펴보라. 시대가 변하면 주거의 개념도 바뀐다. 그 관점을 대입해서 기존의 광고를 수정해보자.

실전! 카피라이팅. 이렇게 다시 쓰면 어떨까?

'오늘의 당신은 푸르지오에 삽니다' 자연을 지향하는 프리미엄 아파트 브랜드 푸르지오의 자부심이 느껴진다. 여기에 한 발 더 들어가 느림의 미학을 대입해보자. 그리고 축약과 압축미를 살리고 라임을 맞춰 운율을 살려보자. '내 삶의 템포는 아다지오, 푸르지오'라는 카피를 떠올려볼 수 있겠다.

'모두가 주목할 그곳, 대구역 신주거타운을 대표하다. 힐스테이트 칠성 더 오페라'라는 카피가 있다. 좀 더 구체적으로 기대감을 부각시킬 순 없을까? '그곳'보다 이 지역을 와닿게 만드는 단어가 있다. 바로 '이곳'이다. '모두 이곳으로, 대구역의 새로운 랜드마크. 힐스테이트 칠성 더 오페라'라고 했었으면 어땠을까? 보다 직접적이고 쉽게 전달될 것이다.

'당신의 마음이 가장 아름다운 성입니다. 롯데캐슬'. 캐슬이니까 성이라고 한 듯하다. 단어를 조금 다르게 활용했다면 밋밋함을 벗어나 임팩트 있게 전달될 것이다. 성이라고 하지 말고 완성이라고 했으면 어땠을까? '당신 삶에 찾아온 여유로움의 완성, 롯데캐슬'로 수정해 보았다.

'존중은 품격을, 품격은 삶을 완성합니다'란 카피도 보인다. '품격있는 삶의 완성, 롯데캐슬'이라고 줄였다면 기억하기 쉬웠을 것이다.

래미안의 광고카피는 '언제나 최초의 새로움'이다. 새로움의 개념을 살리며 두운을 맞춰 리듬감을 만들어보자. '매일, 내일을 그리다'가 된다.

'깊이가 만드는 높이, 푸르지오 써밋'이라는 카피가 있다. 깊이, 넓이라는 개념이 지나치게 이미지적이다. 관념적인 어휘는 애매모호하다. '땅 위에서 하늘을 짓다. 푸르지오 써밋'이라고 표현하면 좀 더 쉽고 친근하게 다가온다.

'더샵에 산다는 건 지구의 내일까지 생각한다는 것'이란 카피가 있다. 지구의 내일이란 거창한 명제는 개인에게 너무 먼 이야기다. '더 나은 내일을 산다. 더샵이니까'라고 쓰면 생활자의 관점으로 바꾸어 더 가깝게 다가온다.

'지금 나는 140만 제곱미터의 강변공원에 있다. 강변도시 더샵 Park 7 포스코건설' 140만 제곱미터라는 크기가 체감되는가? 알지도 못하니 공감할 수도 없다. 어떤 혜택인지 모르는 것은 당연할 것이다. '한강의 풍경과 생태공원의 자연이 동시에 펼쳐진다'라고 표현했다면 보다 구체적이고 쉽게 다가왔을 것이다.

2 ▼

자동차
과시에서 환경친화적 이동수단으로

자동차는 권력과 스피드 체험의 대명사다. 한때 자동차는 말 대신 부자들의 경제력과 지위를 나타내는 수단이었다.

퍼포먼스의 명가 BMW는 남자가 태어나서 해야 할 세 가지 일 중 하나가 BMW를 운전하는 것이라고 했다. 아우디 S4는 스피드의 우수성을 비행기, 스키의 속도감과 견주어 박진감 있게 표현했다. 혼다는 모든 남자들이 혼다를 운전하는 꿈을 가지고 태어난다고 했다. 사고가 나도 사람만은 안전하다고 안전함을 내세우는 볼보는 열심히 일하고 화끈하게 휴식하는 남성에게 적합하다고 했다. 닛산은 미끈한 열쇠와 자동차의 디자인으로 멋스러움을 표현했다.

반면 소형사이즈와 실속으로 세계적인 명차의 반열에 올라선 자동차도 있다. 대표주자는 폭스바겐이다. 작지만 연료 효율성과 안전성이 뛰어난 비틀, 여백이 많은 비주얼 폭스바겐 뉴비틀, 휴대 전화기와 카메라가 첨단 기능을 보유할수록 더 작아지듯이 BMW 미니는 첨단 성능과 감각적인 디자인이 만난 미래의 자동차라고 소개했다.

SUV차량은 본질적으로 힘을 추구한다. 지프는 모험을 좋아하는 사람을 위한 특별한 자동차임을 표현한다. 랜드로버는 아프리카 대자연의 사파리를 비주얼로 하여 강하고 야성적인 면을 어필했다. 도요타는 거친 길, 장애물에도 끄떡없는 자동차의 힘과 자신감을 시각적 기법과 함께 유머러스하게 표현했다.

이제 자동차는 남성성과 과시의 전유물에서 가족과 취향의 동반자로 변하고 있다. 소유경제의 시대가 지나가면 이마저도 사라질지도 모른다. 속도에서 안전으로, 디자인에서 환경에 대한 관심으로 옮겨가고 있다.

이제 자동차가 뿜어내는 매연은 대기오염의 주범으로 몰리고 있다. 이동의 수단이니만큼 필요할 때만 쓰면 되는 것 아니냐는 의문이 생겨나기 시작했다. 동시에 환경오염의 문제를 해결해줄 전기차에 대한 관심이 일어났다.

자연히 최근의 자동차 광고는 환경과 생태계에 대한 관심을 접목시킨다. 도요타 에코 프로젝트 광고는 환경친화적인 미래형 자동차를 준비하고 있음을 내추럴한 비주얼로 전달하고 있다. 볼보도 자동차가 환경에 미치는 악영향을 최소화하기 위해 유동성 페인트의 재활용, 생태계 파괴 방지를 위한 새로운 설계 시스템 등을 도입했음을 알리고 있다.

실전! 카피라이팅, 이렇게 다시 쓰면 어떨까?

아반떼 N의 슬로건은 '일상을 짜릿하게'라는 카피다. N에 라임을 맞춰보자. 'Next New Noble'이 된다. 아반테 N이라는 브랜드 네임이 강하게 각인될 것이다.

코란도의 카피는 '24살, 첫 번째 나의 선택'이다. 24살 된 사람이 두 번째 선택이 있을 리 없다. 그렇다면 '24살의 오프로드'라고 보다 좁혀서 이야기해보면 좋았을 것이다.

그랜저의 카피는 '품격으로 세상을 리드하는 당신이 그랜저입니다'이다. 역시 대구를 살리고 쉬운 단어를 써서 의미를 통하게 해보자. '보는 건 넓게, 타는 건 좁게. 그랜저'라고 표현해볼 수 있다. 극단적으로 단순화시키면 '넓게 보라'라고 할 수도 있을 것이다. 능동적인 문장이 자신감을 부여한다.

'그랜저와 함께하기 좋은 날이 왔습니다'보다는 '그랜저와 함께하기 좋은 날을 만듭니다'라고 표현하는 것이 좋을 것이다.

현대자동차 넥쏘는 다음 세대를 고려한 친환경적인 자동차라는 점을 강조하면서 Positive Energy라는 슬로건을 달았다. 'NEXT ENERGY. SO' 라고 했다면 기억하기 쉬웠을 것이다. 라임을 맞춰주면 리듬감이 생겨 입에 감기고 머리에 달라붙는다.

소나타의 카피는 '소나타는 원래 그렇게 타는 겁니다'이다. 함축적인 의미로 소나타의 실용적 위상을 나타냈다고는 하지만 다소 아쉽다. 길이 있기에 달린다는 말을 차용해 보자. '길이라는 악보, 소나타라는 악기'라는 카피도 가능할 것이다.

기아의 기업 슬로건 카피는 'Nothing but good things'다. 한 글자라도 줄여야 읽기도 기억하기도 쉽다. Things를 굳이 붙인 이유가 의아하다. 'Nothing but good'이라고 해도 의미가 충분히 통한다.

Audi A4 2.0의 카피는 '보라! 이 놀라운 연비는 어디서 오는가? 고유가 시대의 탁월한 선택!'이다. 연비 그 자체가 고객에게 혜택을 주는 것은 아니다. '주유소 갈 일이 줄어듭니다'라고 표현하면 보다 구체적인 이득을 느낄 것이다.

'당신을 만나기 위해 시대를 앞서 왔습니다' BMW의 카피다. 진취적인 미래형을 사용해라. '당신과 함께 시대를 앞서갑니다'라고 표현하면 기대감이 높아질 것이다.

3 ▼

가전
편리함에서 첨단과 아날로그의 조합으로

가전과 전자기기는 최첨단 유목민의 필수품이다. 그들의 본질은 융합과 연결과 이동과 감성이다. 이들은 섞이고 얽혀 또 다른 제품과 서비스를 파생한다.

융합의 대표주자는 스마트폰이다. TV, 디지털카메라, mp3, 인터넷, 캠코더의 기능을 동시에 갖고 있음을 표현하는 것이 휴대전화 광고의 주된 과제다. 카메라 기능이든 메모 기능이든 새로운 기술의 융합 자체가 다양한 감각을 동시에 충족시킴을 표현한다.

연결은 이들의 통신사가 지향하는 중요한 광고 주제다. 망이 있어야 이들의 기술도 쓸모가 있다고 자신들의 존재가치를 드러낸다. 최첨단 기술에 걸맞게 이들은 인본주의적 카피들을 삽입한다.

이동은 컴퓨터나 세탁기, 청소기 등 선 없이 작업이 가능한 무선기기들의 광고 주제다. 휴대하기 쉬울 뿐만 아니라 들고 다니는 그 자체로 스타일이 된다고 어필하는 광고도 있다.

감성은 기술을 넘어서 디자인과 색채 감각으로 고르는 감성 제품으로 컴퓨터의 의미를 확장하기 위한 주제가 된다. 노트북 하나면 꽉 막힌 사무실을 벗어나 자연을 만끽할 수 있는 기회가 더 많아지고 그만큼 인생이 여유롭고 행복해진다고 말하는 광고를 예로 들 수 있겠다.

'여자라서 행복해요'라는 카피를 유행시킨 LG전자 디오스 냉장고가 있다. 세탁기와 건조기는 눈에 보이지 않는 곳에 숨겨 놓는 가전이었지만, 이제는 당당하게 존재감을 어필하는 제품으로 변했다.

기술로 진보된 삶에 일조한다고 어필하는 LG전자 트롬세탁기, 세탁을 위한 기계에서 인테리어를 위한 디자인 요소로 발전한 삼성전자 하우젠 세탁기가 있다.

가구들의 개념도 무거움에서 가벼움으로 바뀌었다. 아무리 좁은 공간에서라도 편리하고 감각적으로 생활할 수 있음을 유머러스한 기법으로 표현한 IKEA광고가 대표적이다.

홈가전기기를 통해 주방은 노동의 공간에서 즐기는 공간으로 변했다. 오디오기기의 주제 또한 음질에서 디자인으로 옮겨갔다. 음악을 듣는 기계가 아닌, 집안의 갤러리로 표현하며 디자인적 우수성을 강조한 뱅앤올룹슨의 광고를 떠올려 볼 수 있다.

에어컨도 본연의 기능은 물론 환경에 대한 책임까지 강조한다. 비타민이 첨가된 공기를 배출해 가족의 건강 증진에 기여한다고 말하는 클라쎄 광고. 에어컨을 켜는 즉시 청결한 공기가 나옴을 차별적 강점으로 알리는 위니아 에어컨 광고가 있다.

먹고살 만한 세상이다. 주방용품도 실용성에서 예술성을 더하고 있다. 디자인이 아름다운 은식기의 효용을 포스트모던한 감성과 위트로 풀어낸 오니다의 광고가 있다.

욕실 제품도 최첨단 기능에 고품격 감각을 더하고 있다. 화사한 화이트톤으로 비데의 청결성을 표현한 로얄 광고, 책을 읽고 휴식을 취하는 서재의 개념을 욕실에 부여한 아메리칸 스탠더드 광고가 그 예다.

실전! 카피라이팅, 이렇게 다시 쓰면 어떨까?

소니 카메라의 카피는 '여행, 가볍게 깊어지다'이다. 기민한 순간 포착력을 장점으로 본 듯하다. 좀 더 구체적으로 '순간이 영원이 되는, 소니'라고 쉽게 표현할 수 있다.

'상상의 속도만큼 빠르게'는 HP의 카피다. 애매모호한 표현을 삼가라. '당신의 상상보다 빠른 HP'라고 비교의 기준을 설정해주면 좋았을 것이다.

삼성전자의 기업 카피는 '가전을 나답게'라는 문장이다. '나를 위한, 나만의 가전'이라고 유명 연설문을 차용했다면 보다 감정적인 애착심이 생겼을 것이다.

같은 의미로 LG가전은 '당신에게 맞춰 계속 더 좋아지는 가전'이다. '당신을 이해하는 가전'이라고 하면 축약의 힘이 생겼을 것이다.

삼성 비스포크 큐커의 카피는 '4가지 요리를 한 번에'다. '퀵하게 쿡하는 4가지 요리'라고 표현했다면 특장점과 함께 브랜드 네임을 기억하기 쉽게 만들었을 것이다.

'마법처럼 정리된 지퍼락'은 지퍼락의 카피다. '작은 지퍼락으로 커다란 극락을'이라고 표현했다면 운율의 맛을 살렸을 것이다.

트롬의 카피는 '시작부터'다. '세탁의 시작과 끝'이라면 좀 더 트롬의 리더쉽을 강조할 수 있었을 것이다.

'시간을 초월하는 독보적 사운드를 선사합니다'는 카바세 스피커의 카피다. 광고카피는 쉬워야 한다. '시간을 잊어버리는 하나뿐인 사운드'라고 표현해라.

4 ▼

음식

맛에서 건강의 슬로우푸드, 간편의 인스턴트로

켈로그 콘푸로스트는 늘 어린이들에게 좋은 안전한 식품임을 표현한다. 다농 요구르트는 137년 동안 요구르트를 먹어 온 할머니가 선택할 만큼 좋다고 표현했다.

프린스 스파게티 소스 광고는 오리지널 이탈리안 요리의 맛을 명화를 소재로 나타냈다. 농협 러브米 캠페인은 건강함의 상징인 축구 선수들을 등장시키고 '밥 먹었니? 사랑한다면 꼭 챙겨주세요'라는 카피를 붙여 쌀을 먹을 것을 호소했다.

도시와 자연 또한 음식 광고카피에 자주 등장한다. 자연을 오브제로 등장시켜 웰빙 식품임을 표현한 게 그 예다. 생존과 건강은 음식 광고의 본질이다. 생존에서 웰빙으로, 맛에서 멋으로 변하고 있다. 그러나 코로나로 패스트푸드 열풍이 동시에 불고 있다. 편리함이 프리미엄이 되는 세상이다.

실전! 카피라이팅. 이렇게 다시 쓰면 어떨까?

'지키고 싶은 따뜻함'은 오랫동안 사랑받아 온 왕뚜껑의 광고 카피다. 커다란 뚜껑이 제품의 특징이다. 비교의 대상을 찾아 운율을 살려보라. '된장은 뚝배기맛, 라면은 뚜껑맛!'이라고 표현할 수 있다.

'남자는 마초. 치킨은 맛초킹'이란 치킨 광고 카피가 있다. '맛추지 마세요. 맛초킹이 있는데'라고 표현해서 다양한 메뉴가 있음을 표현할 수가 있다.

오뚜기 X.O만두의 카피는 '만두다운 만두'다. X.O를 살릴 수 없었을까? '만두의 옳고 그름, 정답은 오뚜기에~'라고 표현할 수 있었을 것이다.

'진라면으로 충전하자!'. 진라면의 광고카피다. 진라면이란 이름을 좀 더 적극적으로 활용해보자. '라면의 진리'라고 표현할 수 있다.

참이맛이란 국물 브랜드는 '겨울엔 국물이지'란 카피를 쓴다. 국물 브랜드의 대명사가 되기 위해선 어떻게 바꿔야 할까? '겨울엔 참! 이맛이지'라고 쓰면 좋을 것이다.

5 ▼

음료

본질에서 기능으로

생수는 순수한 자연수에서 생명 필수품으로 포지셔닝이 진화하는 중이다. 생수는 웰빙라이프를 비롯해 여성의 아름다움 혹은 다이어트라는 키워드까지 적극 활용하는 중이다. 행복한 피부를 위한 필수품이란 방향성도 있다.

순서에 맞춰 기초화장을 하듯 피부를 위해 순서에 따라 화장수를 바르는 법을 가르치는 보바 광고를 예로 들 수 있겠다. 거대한 자연에서 얻어진 순수한 물이란 표현의 아크 생수 광고, 나무가 우거진 숲에서 2천년간 흘러 온 물임을 동양적인 감성으로 표현한 산토리 생수 광고, 보기만 해도 날씬한 병 모양처럼 살이 쏙 빠질 것 같은 네슬레 워터스의 콩트레 광고도 있다.

내 아이에게만큼은 어느 것보다 좋고 안전한 것을 먹이고 싶은 것이 엄마의 마음이라서 세상에서 가장 깨끗하고 안전한 물로 아기의 분유를 타라고 말하기도 한다. 그야말로 용도의 확장이다.

늦은 밤, 술병 대신 놓인 생수병을 보여주며, 트렌디한 도시생활의 대명사라고 어필하는 것에서 더 나아가 슬림한 바디라인과 아름다운 피부를 비추며 '행복한 나체가 되라'라고 말하는 에비앙 광고는 생수 광고의 지침서다. 생수의 이미지를 극적으로 전달하는 것이다.

우리나라 광고 중에선 제주도의 천연 암반수로 만든 물이라고 주장하는 삼다수와 백두산의 천지에서 나온 물이라서 천지차이라고 말하는 백산수 광고가 대표적이다.

늘 광고 시장의 중심에 있었던 콜라는 짜릿한 즐거움에서 인생의 동반자로 친근함을 더하는 중이다. 코카콜라와 펩시콜라는 단지 하나의 음료가 아니다. 그 자체가 마시는 음료의 카테고리다.

백 년을 넘게 이어온 그들의 역사는 기념비적이다. 그들의 광고 역사도 광고계에 한 획을 그었다. 최근까지 서로를 치고받았던 비교 광고는 교과서적이다. 그들은 생활 속으로 파고들고 있다.

코카콜라가 산타클로스를 등장시켜 코카콜라가 여름 상품이라는 이미지를 불식시키고 제품의 우수성과 특성만을 강조하는 데서 나아가 삶의 재충전과 즐거움을 돕는 일상의 동반자로 그 의미를 확장시킨 광고를 보여줄 때, 펩시는 펩시를 마시는 사람은 나이에 상관없이 젊고 즐겁게 살고자 펩시를 마신다는 팝아트적 글귀를 통해 클래시컬한 코카콜라와의 차별화를 꾀한다.

그러나 그들 역시 최근 건강이나 다이어트에 대한 욕구의 변화에 대한 압력을 받고 있다. 콜라를 마셔도 단단한 복근을 갖는 데 전혀 지장이 없음을 강조하고 코카콜라 라이트를 마시면 명화 속의 풍만한 몸이 아닌 늘씬한 몸을 가질 수 있음을 표현한다. 다이어트 펩시 광고는 콜라 한 캔을 다 마시고도 작은 쥐구멍에 쏙 들어갈 만큼 여전히 날씬한 고양이를 등장시킨다.

한편, 과즙 음료는 풍부한 영양을 강조한다. '이름 그 자체로 품질을 보증한다'는 카피의 썬키스트 광고, 칼슘이 풍부한 음료임을 팝아트 기법으로 표현한 V8 광고, 유명인의 콧수염 이미지를 활용한 Got Milk 우유 캠페인이 유명하다.

Got Milk 우유 캠페인에서는 셀러브리티들이 등장해 우유가 얼마나 몸에 좋은지를 우유가 만든 입가의 수염으로 단숨에 알렸다.

스포츠음료는 다이어트의 시대를 줄기차게 열어가고 있다. 단단하고 탄력 있는 복근도 만들고 음료의 청량감도 즐기라고 말하는 브라질의 인기 음료 다이어트 과라나, 날짜가 지날수록 숫자가 점점 가늘어지는 달력 비주얼로 음료를 마시면 점점 날씬해진다는 캠프 라이트 광고가 있다.

커피 광고카피의 핵심 테마는 재충전과 사색이다. '얼마나 커피가 마시고 싶었으면…'이라는 카피의 던킨도너츠 광고, 지구의 다양한 아침 풍경과 더불어 '좋은 아침을 여는 좋은 커피'라는 이미지를 서정적으로 전달한 네스카페, 오후 4시의 커피 브레이크를 범사회적 문화로 정착시키는데 공헌한 미국 커피 협회 NCA 광고가 있다.

차茶는 맛과 전통이 본질이다. 설탕이 필요 없는 차의 우수성을 인물의 강직한 표정으로 극대화한 트와이닝 광고, 느리고 아름다운 여인의 움직임으로 차를 마실 때의 맑고 평화로운 기분을 표현한 산토리 우롱차 광고가 있다. 브랜드가 세분화되면 카피는 그 기능들을 충실히 알리는 데 역할을 다한다.

실전! 카피라이팅, 이렇게 다시 쓰면 어떨까?

'당신의 시작을 함께'. 맥심 커피믹스 광고카피다. 하루의 마무리에 어울릴 수도 있지 않을까? '퇴근과 함께 하루를'이라고 표현해보자.

웅진식품의 하늘보리의 카피는 '마음까지 쿨'이다. 사람의 감각 언어는 카피에 생생한 기운을 돋운다. 게다가 브랜드 네임도 하늘보리다. '하늘을 마신다'라고 했다면 마음까지 쿨하다는 표현보다 좀 더 감각적으로 와 닿을 것이다.

자연은 주스의 카피는 '매일매일 예뻐지자'다. 예뻐진다는 표현은 일차원적이다. 게다가 이 제품은 화장품이 아니다. '매일매일 아낀다'라는 표현이 좀 더 적확한 표현일 것이다.

토레타의 카피는 '10가지 과채의 착한 수분'이다. 오감 언어를 활용해 보자. '10개의 과일이 흘린 물'이 된다.

펩시콜라의 카피는 '한 세대 앞선 음료'다. '세대를 가리지 않는다'라고 자신감 있는 카피를 쓸 때는 언제나 올지 궁금하다.

최근의 다이어트의 열풍을 생각한다면 다이어트 코카의 카피로는 '대세는 제로 콜라, 네가 골라 코카콜라'라는 카피도 생각해 볼 수 있다.

6 ▼

패션

트렌드에서 각자의 스타일로

패션광고의 카피는 그야말로 개성적이다. 패션 스타일에 따라 카피도 따라간다. 남성성이 강화된 여성의 이미지를 그리는 매니시 룩을 활용한 광고로는 전용 비행기에서 내려 회의를 주재하고 다시 전용 비행기로 이동하는 강한 여성의 이미지를 보여준 도나 카란 광고가 있다.

내면적인 여성성을 긍정적으로 풍기는 남성 이미지를 대표하는 메트로 섹슈얼 룩을 활용한 광고는 타고난 미남보다 스스로의 장점을 드러내며 가꿀 줄 아는 남자가 진정으로 멋진 남자임을 이야기하는 남성복 본과 크리스티앙 라크루아가 있다.

브랜드 네임만으로도 소비자의 소득 수준과 패션 감각을 대변해주는 세계적 명품 브랜드들, 구찌, 살바토레 페라가모 등의 광고도 찾아볼 수 있다.

패션광고는 카피보다 그들의 이미지를 대변하는 한 장의 사진이 모든 것을 말한다. 패션은 보여지는 것이 중요하기 때문이다.

기존의 명품 브랜드보다 합리적인 가격으로 감각적인 디자인과 높은 품질을 가진 제품을 선호하는 매스티지족들은 코치나 MCM이 타겟팅하고 있다. 영국 정통과 문화를 대표하는 클래식 명품 버버리는 네오 클래식룩의 대표 격이다.

스포츠 룩은 활동적 이미지를 추구한다. 일상의 장면에 스포츠 룩을 등장시켜 스포츠의 생활화를 감각적으로 표현한 르 코크 스포르티프 광고를 참고해보자. 내추럴 룩은 자연을 무대로 하되, 스타일링과 포즈, 상황설정에 키치스러움을 더해 풍자적인 브랜드의 감각적 정체성을 놓치지 않은 디젤 광고가 대표적이다.

섹시 룩은 섹스를 어필하는 비주얼로 전통적 명품 이미지에 트렌드하고 패셔너블한 이미지를 더한 루이비통 광고와 섹시함을 넘어서 다소 선정적이기까지 한 비주얼로 일관된 브랜드 이미지를 만드는 시슬리 광고가 있다.

진JEAN은 영원한 패션 아이템이다. 작업복에서 패션으로, 저

항의 정신에서 멋의 기본으로 변했다. 광부, 철도원, 카우보이 등이 작업할 때 입는 튼튼한 옷으로 인기를 얻어 세계적인 패션으로 발전한 청바지는 미국 문화의 상징이기도 한 초창기 리바이스 광고가 유명하다.

검은 머리가 파뿌리가 되도록 함께 할 부부처럼 청바지 역시 죽음이 갈라놓을 때까지 입을 수 있다는 비주얼과 카피로 튼튼함을 표현하거나 땀에 젖은 채 함성을 지르는 남성들의 거친 모습으로 투지와 남성미를 표현하거나 어린아이는 계속해서 성장해 가겠지만 완벽한 리바이스 진은 더 이상 발전을 필요로 하지 않는다는 카피로 제품의 우수성을 강조한다.

사람을 가는 선으로 표현하고 상표를 붙여 다리가 날씬해 보인다는 것을 강조한 리바이스 슬림 진 광고와 움직임이 자유롭다는 제품의 특징을 액티브하고 입체적인 그래픽으로 표현한 리바이스 엔지니어드 진 광고도 있다.

덤불을 헤치고 벽을 뚫으며 거침없이 질주하는 남녀의 스피디한 모션이 눈길을 사로잡으며 신체와 감정의 모든 한계를 뛰어넘는 자유로운 움직임을 강조한 리바이스 엔지니어드 진 광고는 그중 가장 유명한 광고로 꼽힌다.

떠남, 자유, 젊음 등을 모티브로 새로운 세계의 동경을 표현하거나 9시의 데이트를 앞두고 8시 55분에 발톱을 손질하는 여유, 한 달에 350달러의 세를 내는 집에 살면서 주말을 위해서는 750달러를 쓰는 자유를 표현한 LEE광고도 있다.

남성의 거친 생명력과 야성미를 제품 이미지에 투영시킨 BIG JOHN광고, '경고, 위험한 진', '기대기엔 위험한 것', '첫눈에 반해 섹스에 탐닉하는 젊은 연인'이라는 카피로 청바지의 섹시함을 표현한 버팔로 진 광고와 남녀가 뒤엉켜 있는 노골적인 성을 표현하거나, 나신의 브룩 쉴즈를 모델로 '청바지와 자신 사이엔 아무것도 없다'는 카피로 명실상부한 섹시 진의 대명사임을 강렬히 전했던 캘빈 클라인 광고도 있었다.

실전! 카피라이팅, 이렇게 다시 쓰면 어떨까?

제이브로스의 카피는 '더위를 벗다, 시원함을 입다'이다. 식상함을 벗어나기 위해 시원함을 상징하는 시각적 요소를 삽입해보라. '빨간 여름을 벗다, 푸른 겨울을 입다'는 어떨까.

옷 가게의 광고 중에 '젊음이 있고, 패션이 있다'라는 카피가 있다. 가게라는 공간적 의미를 젊음에 투영시켜보자. '청춘과 패션의 금고'라고 할 수 있다.

'올겨울 우리의 심장은 함께 뛴다'. 아웃도어 브랜드의 대명사 노스페이스의 카피다. 숫자를 쓰면 구체성이 생겨 주목을 끌어낸다. '올겨울 당신과 나의 거리는 제로'라고 표현할 수 있다.

'올여름 몸도 마음도 가볍게'. 유니클로의 카피다. 짧게 끊어쳐야 리듬이 생긴다. '올여름 몸에 착!'이라고 바꿔보자.

에이블리가 '무료반품을 시작합니다'라고 알렸다. '무료반품도 ABLE'이라고 표현했다면 재미있는 요소가 생겨났을 것이다.

슈콤마보니는 신발 브랜드다. '나를 빛내주는 슈즈'라는 카피를 쓰고 있다. '당신의 신발이 온다Shoe,Come'라고 표현하면 제품명을 기억하는데 도움을 좀 더 주었을 것이다.

컬럼비아의 광고 슬로건은 '일상에서 모험으로'이다. 좀 더 적극적인 표현은 없을까? 가끔 뒤집어보라. '모험도 일상처럼'이라고 바꿔보자. 좀 더 극적인 표현이 된다.

7

술

인간의 본능에서 인생의 철학으로

알콜의 이미지는 지금의 축제, 전성기에 대한 회고다. 양주라면 음험한 뒷거래일 수도 있다. 기본적으로 술에는 인생의 철학이 담겨 있다.

'반밖에 없거나 반이나 남았거나'라는 낙관주의자와 비관주의자의 관점을 동시에 담은 시바스 리갈의 철학적 카피는 유명하다. '술 한 병은 사라졌으나 대신 좋은 친구들을 사귀게 되었다'는 카피도 인상적이었다.

시간과 전통을 담기도 한다. 춤추고, 노래하고, 한 잔의 코냑에 담긴 인생의 여러 단면들을 보여주는 레미 마르탱, 기다림과 인내는 좋은 위스키를 얻기 위한 필수 조건이라는 것을 여운이 남는 흑백사진과 위트 있는 카피로 표현한 글렌리벳 위스키 광고카피가 그것이다.

적당할 때 적당한 양만큼 마시는 술처럼 지름길 따위는 믿지 말고 적당하고 즐겁게 인생을 살아가면 된다는 철학을 백발이 멋스러운 존 휴스턴의 이미지를 통해 전달한 산토리 올드, 연륜이 쌓이면서 더욱 멋스러워진 숀 코너리가 오래될수록 더 값진 위스키라는 뜻으로 시간은 흐르는 게 아니라 쌓이는 것이라고 이야기하는 산토리 크레스트 광고도 있다.

한편으로 술을 마시는 시간은 휴식과 위로의 순간이다. 시원한 윈저 캐너디언 한잔은 '오늘에 안녕'이란 카피로 내일을 향한 용기를 주는 인생의 동반자 이미지를 심었다.

또한 술은 지금 이 시간을 즐기라는 낙천일 수도 있다. 서던 컴포트는 토요일, 일요일, 토요일, 일요일 그리고 공휴일이라고 스스로 즐기며 살아가면 우리네 인생이 마치 휴일처럼 유쾌하고 신날 것이라고 외쳤다.

술이 에로티시즘을 멀리할 수 없다. 많은 경우에 술은 남녀가 서로 사랑하고 유혹하도록 조장하거나 용기를 준다. 사랑에 빠진 남녀를 등장시킨 시바스 리갈, 헤네시 코냑, 그래픽으로 비키니 입은 여인의 몸을 형상화 한 기네스, 두 개의 와인 잔으로 여성의 바디라인을 그려 낸 보르도 와인, 목에 새겨진 키스 마크를 클로즈업해서 강렬하고 노골적으로 섹스 어필하는 레드 스퀘어 광고 등이 있다.

술은 한편으로는 본능과 무의식을 그린다. 순한 양 사이에 음흉한 늑대가 숨어있거나 체스판 위의 킹과 퀸이 경쟁자라는 숙명을 저버리고 부둥켜안는다. 포장을 벗기면 다른 세계가 있을지도 모른다고 말하는 스미노프 보드카 카피도 눈여겨 볼만하다.

실전! 카피라이팅. 이렇게 다시 쓰면 어떨까?

생탁 막걸리는 '인생탁! 맛있다'라는 카피를 쓴다. '무릎을 탁!'이라고 하면 막걸리의 맛으로 좀 더 다가선다.

'국내 1위 진짜 무알콜' 하이트 제로의 카피다. '알코올은 제로, 건강은 배로'로 바꿔주면 운율이 살아난다.

진로 참이슬의 카피는 '소주의 원조'다. 이미 아는 사실이라 밋밋하다. '마음을 읽는 친구'라고 바꿔보자.

좋은데이의 카피는 '소주가 숨 쉴 때 깔끔함이 살아난다'이다. 지나친 과장은 금물이다. 단지 '깔끔하게 좋은 날!'이라고 말하는 것이 훨씬 낫다.

생활맥주는 '생활이 맥주가 되다'가 카피다 '맥주 같은 생활'로 바꾸면 드라마틱해진다.

8 ▼

화장품

아름다움에서 개성미로

서로의 몸을 탐닉하는 남녀의 비주얼을 통해 아름다운 몸은 이성을 유혹하는 경쟁력이라고 말하는 시대가 있었다. 아름다움을 갈망하는 여인과 그녀의 시선이 머무는 곳에 각종 화장품을 등장시켰다.

세상은 변했고 성에 대한 편협한 관점은 사라지고 환경과 건강에 대한 걱정은 커가고 있다. 화장품의 의미도 이런 사회적인 맥락을 담고 있다. 천연 식물 성분으로 싱그럽고 부드러운 피부를 가꾸라고 말하는 더 바디샵 광고와 단순히 나를 치장하는 도구가 아니라 지구라는 몸과 환경을 생각한다는 철학을 제품과 브랜드에 부여한 아베다 광고가 있다.

남자도 멋있고 매끈한 몸매와 얼굴을 가꿔야 하는 시대가 왔음을 보여주는 남성용 뷰티 제품 광고들도 속속 등장하고 있다. 남성의 몸이 노동의 도구에서 심미적 대상의 감상하는 몸으로 의미가 바뀌면서, 얼굴 화장 못지않게 바디라인을 아름답게 보이도록 하는 것도 이 시대 모든 남녀의 과제가 되었다.

클로즈업 비주얼로 매끈하고 탄력 있는 몸매에 대한 동경을 불러일으키는 SANEI의 샤워젤 바디로션 광고가 있다.

그러나 무엇보다도 이 부문의 이슈 선점은 도브의 리얼뷰티 캠페인이다. 아름다움은 조각처럼 다듬어진 특정한 여인들만이 아니라 스스로에게 자부심을 가진 모든 여성에게 해당되는 단어임을 상기시킨 광고다.

이 캠페인에는 일반 여성들이 등장한다. 주름이 패여도, 가슴이 작아도, 주근깨가 가득해도 다른 사람들과 구별되는 특별한 나이기에 누구나 아름답다고 당당히 외친다.

머릿결과 관련된 헤어 제품과 치아와 관련된 치아미백상품도 세분화된 광고 메시지를 쓰고 있다. 깨끗함은 기본이고 쇠사슬같이 거친 머리카락, 용수철처럼 구부러진 머리카락도 부드럽고 윤기 있게 가꿔준다는 SEDA 샴푸 광고와 이브를 연상시키는 길고 아름다운 머릿결로 원초적인 아름다움을 표현한 웰라 광고, 일상에서 윤기 있고 부드러운 머릿결을 유지하고픈 욕망을 드러낸 비달사순의 헤어크림 광고가 있다.

면도기에도 여성을 위한 상품이 등장했다. 면도한 얼굴이 아기가 입맞춤을 할 만큼 부드럽고 매끈하다는 것과 다리의 털을 면도한 여성과 이를 지켜보는 고양이를 대비시킨 아이디어가 재미있는 BIC 여성용 면도기 광고다.

치약 광고는 치아 건강에서 미백으로 변하고 있다. 대표적으로 치아에서 반사된 빛에 눈이 부신 사람들의 잇몸을 자동차의 헤드라이트로 표현해서 미백 효과를 극대화한 콜게이트 광고, 누런 이 때문에 웃지 못하던 사람들이 치아 미백 제품 사용 후 환한 웃음을 찾았다는 크레스트 광고가 있다.

청결제 광고도 입 냄새 제거부터 옷 냄새 제거까지 다양한 종류가 있다. 사람의 입을 통조림과 변기에 비교하여 그 냄새와 불청결성을 지적한 구강 청결제 ODOLI 광고, 정육점의 고기 포장에 담긴 사람의 옷을 보여주는 기발한 아이디어로 냄새로부터 자유로워져야 한다고 말하는 방취제 SHOUT광고가 있었다.

이제 향수는 대중화되었고, 다양한 종류의 향이 아로마 요법처럼 치유 능력까지 발휘한다. 거칠고 메마른 나뭇가지 같은 손도 부드럽고 아름다워질 수 있다고 말하는 뉴트로지나 핸드크림 광고나 남녀 간의 사랑과 유혹을 모티브로 '섹시한 향기가 사랑을 부른다'라는 메시지를 전하는 돌체 앤 가바나 향수 광고도 유명하다.

실전! 카피라이팅. 이렇게 다시 쓰면 어떨까?

'내 피부에 딱 맞춤 파데, 내 맘대로 마이파운데이션'은 이니스프리의 카피다. 축약시키면 또렷해진다. '나를 찾다, 나만의 파데를 찾았다'라고 할 수도 있다.

'젊음은 유전자 속에서, 일촉즉발이다' 랑콤 화장품의 카피다. 구체적 효용과 용도가 전달돼야 구매로 연결된다. '탄력과 라인이 한꺼번에 살아난다'라고 했다면 보다 쉽고 분명해졌을 것이다.

'톡톡톡, 번들거림 THE END' 에뛰드 매트 피니쉬 팩트의 카피다. 복잡하거나 어려우면 쳐다보기도 싫어진다. 현학을 피해라. 지름길로 들어서서 곧바로 직진해라. '번들거림, 이제 끝낼 시간'이란 함축적인 카피가 쉽고 간명하다.

라네즈의 카피는 '매일 아침, 피부 잠금 모드'다. 조금이라도 쉽게 전달하려면 '매일 아침 피부 건조 해제'라고 쓰면 된다.

'맑음으로 탄탄하게 차오르다'는 어뮤즈의 스킨케어 제품 듀젤리 쿠션의 카피다. '피부에 차오르는'이라는 의미를 보다 명확하고 쉽게 전달할 순 없을까? '탄탄한 맑음이 그대로 안착'이라고 바꿔볼 수 있다. 체감될만한 어휘를 선택해야 구매로 연결된다.

LG 프라엘은 '피부 속부터 탄탄하게 채우는'이라고 표현했다. 피부 토탈 케어라는 제품의 특장점이 잘 드러나지 않는다. '속탄력부터 겉탄력까지'라고 표현을 바꿔볼 수 있다.

'Just Black, that's all'. 헤라 블랙 쿠션의 카피다. '가장 찬란하게 빛나는 Black'이라고 쉬우면서도 역설적인 표현을 생각할 수 있다.

'Play PINK, Play ETUDE'라는 카피는 에뛰드가 어떤 제품인지 알 수 없다. Play는 가전제품에 많이 나오는 카피이기도 하다. 타겟이 보이는 카피가 좋다. 'Be the Queen, Be the ETUDE'라고 했다면 화장품이라는 카테고리를 명확히 드러낼 수 있을 것이다.

'시간이 멈춘 피부' 가네보의 카피다. 멈춘다는 개념보다 좀 더 명확하게 소비자 효용을 전달할 수 없을까? '시간을 거슬러 가는 피부'라고 극적으로 표현할 수 있을 것이다.

9 ▼

스포츠

특별한 열정에서 일상적 운동으로

스포츠 정신이 가미된 어떤 브랜드는 승리를 위한 열정을 다룬다. 태그호이어 광고는 경사를 미끄러져 내려가는 봅슬레이와 엄청난 가속도로 그 뒤를 쫓아오는 공과의 경주을 통해 다이내믹하게 경쟁 정신을 자극한다.

'도전정신은 자기 자신과의 싸움'이라는 스포츠 정신을 강렬하게 전달한 세이코 시계 광고도 있다. 세계 최초로 10점 만점을 받은 루마니아의 체조 요정 나디아 코마네치와 육상 종목 4개 부문을 석권한 육상의 전설 제시 오웬스의 모습을 보여주며 '불가능은 없다'라는 스포츠 정신을 강조하는 아디다스 광고도 마찬가지다.

그들은 무하마드 알리, 데이비드 베컴, 트레이시 맥그레이디 등 각종 종목에서 자신의 한계를 뛰어 넘은 스포츠 스타들을 차례로 등장시켜 '불가능은 없다'라는 메시지를 전달했다.

용기도 스포츠 브랜드의 중요한 덕목이다. 폭풍우가 불어 닥칠 듯한 날씨 때문에 바다로 뛰어들지 못하고 주춤거리고 있는 젊은이들을 뒤로 하고 파도를 향해 서핑을 시작하는 할아버지, '나이의 한계는 없다'라는 브랜드 정신을 전하는 스포츠 시계 섹터의 광고가 있다.

기독교인들이 교회에서 영혼의 안식을 얻듯, 산악인은 산에서 영혼의 쉼과 삶의 에너지를 얻을 수 있다고 한 K2는 '바위 위에서 나는 교회를 짓는다upon the rock, I build my church'라는 카피를 사용했다.

나이키는 늘 위대한 꿈을 소재로 한다. 대중이 좋아하는 스포츠 스타를 등장시켜 그들이 선호하고 있다는 카피로 신뢰감과 친근한 이미지를 심는다.

스포츠의 정신에는 젊음이란 주제도 밀착되어 있다. 움직이지 않고 멈추어 서서 인생을 그저 흘려보낼 것인지, 아니면 달리고 운동하며 적극적으로 삶을 즐길 것인지 질문을 던지는 아디다스 광고가 그렇다. 그들은 달리는 사람은 더욱 많은 에너지를 얻게 되어 다른 사람들보다 젊게 살아가며 결혼생활도 더 열정적으로 유지할 수 있다고 표현한다.

여성용품의 경우는 약간 다르다. 한마디로 기능적이다. 자신의 몸과 마음을 컨트롤하고 스트레스를 해소하는 '테라피'라는 메시지를 전하고 몸짱을 위한 스페셜 스포츠 웨어라고 표현하기도 한다.

아디다스는 요가복은 움직이기 편하기 위해 입는 것이고 움직임을 더욱 아름답게 만드는 것임을 요가 동작과 그에 어울리는 다양한 요가복을 등장시켜 표현했다. 이스파시오 피트니스 센터는 고전 조각상처럼 황금 분할의 몸매를 가지라는 메시지를 유머러스하게 표현하기도 한다.

나이키의 'Just Do It'은 폭스바겐의 'Think small'과 함께 위대한 광고카피로 손꼽힌다. 틀이 없이 누구든, 어디든 즐길 수 있다는 행동주의를 선언했던 것이다. 위대한 광고카피는 시대의 철학을 담거나 만든다.

실전! 카피라이팅. 이렇게 다시 쓰면 어떨까?

'우리는 겨울이 반갑다'는 코오롱 스포츠 안타티카의 카피다. 광고카피는 선언문이 아니다. 오히려 개인에게 속삭이는 귓속말에 가깝다. '당신은 겨울이 두렵지 않다'라고 표현하는 건 어떨까.

'101%로 완성되어야만 한다'라는 나이키의 카피가 있다. 제품이 주인공이 되어야 한다. '나머지 1%는 당신이'라고 바꿀 수 있다.

'오픈 세일이 가장 저렴합니다' 헬스클럽의 광고카피다. 살이 빠진다는 소비자의 혜택을 활용해보라. '빠지는 살만큼 빠지는 가격'이라고 적어라.

'아로마로 기억하고 긴장을 날린다'라는 카피가 있다. '긴장, 아로마로 날린다'라고 축약하면 좀 더 쉽게 기억될 것이다.

스케쳐스의 카피는 'Comfort Technology Company'다. 중학생이 이해할 수 있을 정도로 쉽게 썼다. 그렇지만 '편안함의 기술'이 좀 더 명확하다.

휠라코리아의 카피는 '1등이 아니라도 모두가 우승입니다'였다. '모두가 승자인 세상, 휠라와 함께'라고 했다면 쉽고 짧고 명확했을 것이다.

10 ▼

여행

잠깐의 휴식에서 일상의 탈출로

여행은 현실을 떠나 새로운 세상과 만나는 동경의 세계다. 더불어 타인과 이국에 대한 판타지다. 하늘 높이 날아올라 먼 곳으로 떠나고자 하는 인간의 욕망을 일깨우며 여행을 권장하는 말레이시아 항공, 국내 휴가를 선호하는 프랑스인들에게 해외여행의 즐거움과 이점을 유머러스하게 설명하는 제투르 여행사의 광고가 있다.

재충전과 과중한 일상에서 벗어나 먼 곳으로 가서 새로운 세상을 경험하라고 말하는 하얏트 호텔 광고와 기차를 타고 고즈넉한 역사 도시에 가서 휴식하라고 권하는 일본의 JR 광고가 대표적이다.

'새벽녘 희미한 안개 사이로 달리는 기차 속에는 새로운 하루, 어쩌면 새로운 인생 그 자체를 열고 있는 사람들이 타고 있을지도 모른다. 사랑이라든가, 용기라든가, 보이지 않는 것들도 타고 있다'라는 카피가 잔잔한 여운을 남긴다.

저마다 각자의 이유를 가지고 기차를 기다리는 사람들, 텅 빈 역에서 헤어지기 아쉬워 껴안고 있는 연인 등 여러 가지 인생의 이야기를 담고 있는 곳이 바로 기차역이라고 말하고 있다.

'여행은 살아보는 거야'는 에어비앤비의 광고카피다. 여행을 떠나 호텔이나 리조트에서 하루 묵는 개념이 아니고 이곳에 살던 누군가의 집에서 자기의 집같이 짧은 삶을 살아보라고 권하고 있다.

실전! 카피라이팅, 이렇게 다시 쓰면 어떨까?

'여행의 힘을 믿으세요'는 에어부산의 카피다. 'To the NEW'로 바꿔본다면 새로운 세상을 만날 수 있는 여행의 즐거운 면을 강조할 수 있다. 쉽다면 영어도 좋다.

'여행을 가볍게'라는 노랑 풍선의 카피는 '노란 풍선 타고 어디로든'이라고 바꿀 수 있다

'봄은 오는 것이 아니다. 가는 것이다'라는 라쿠텐 여행사의 카피는 짧게 줄일 수 있다. '봄은 가는 것, 라쿠텐여행사'라고

하면 카피에 탄력이 생긴다.

대한항공은 '누구나 저마다의 여행이 있다'고 했다. 자기만이 쓸 수 있는 어휘가 있다. '당신만의 여행을 띄우다'라고 했다면 좀 더 어울렸을 것이다.

참좋은여행사의 카피는 '다시, 함께'다. 코로나를 의식한 카피로 보이지만 자신의 이름을 활용한다면 '이번 여행도 참 좋았다'라는 카피가 나올 것이다.

몸의 글쓰기

니체는 관념이나 이성을 부정하고 인간의 몸에 철학적 주제를 집중했다. 정신보다 몸이 먼저라고 본 것이다.

'몸이 근질근질하다'는 말은 뭔가 일을 저지르고 싶어 하는 마음을 몸을 빌어 표현한 것이다. '허파에 바람이 들었다', '몸에 힘이 들어갔다', '간이 부었다', '쓸개가 빠졌다' 같은 말도 몸을 정신에 선행하는 주체적 대상으로 바라본 관점이다.

추상적으로만 존재하는 머릿속의 인식에서 벗어나 실제로 존재하는 몸의 구체성으로 세상을 바라볼 때, 비로소 디지털 세상에서 살아남는 광고 카피가 드러나게 된다.

사람들은 모든 정보가 들어 있고 재미가 넘쳐나는 스마트폰의 액정 속에 빠져 산다. 마케터나 광고인은 스마트폰 속에 넘쳐나는 볼거리와 싸워야 한다. 온몸의 신경 다발이 곤두서는 중독성의 콘텐츠와 경쟁해야 한다.

디지털의 가상 세계와 오프라인의 현실 세계가 연결된 플랫폼 안으로 들어가보라. 그리고 이 속에 넘쳐나는 글과 이미지와 영상 텍스트를 주목해보라. 당신이 넘나드는 SNS 속의 문장을 살펴보라.

그 안에는 멋 부리기보다 행동을 유발하는 문장들로 가득하다. 마음이 아니라 몸을 움직이는 문장이고 카피들이다. 디지털 기술은 이런 주장을 더욱 가속화시키고 있다. 현장에서 발견되고 현장에 적용될 실용적 지식과 관점이 압도하는 세상이다. 관념의 글쓰기에서 벗어나 실재감이 중시된 리얼리티의 글쓰기로 옮겨가자.

일상의 글쓰기를 위하여

이 시대를 주도하는 기업들, 예를 들면 넷플릭스나 무신사나 마켓컬리와 같은 플랫폼 기업을 만든 인재들은 누구일까? 두말할 것 없이 트렌드를 읽고 트렌드를 만든 사람들이다. 그들은 대중의 마음을 미리 읽어 자신의 관점력에 예지력을 더했다. 그런 후 연결력으로 사람을 모으고 가치를 더해 새로운 비즈니스 모델을 구축했다.

단지 숙박이 아니라 다른 사람의 삶의 공간을 앱에 끌어들인 에어비앤비를 생각해보라. 플랫폼 비즈니스의 강자들은 맥락 Context을 바꾼 콘텐츠 Content로 새로운 접점 Contact을 찾아 나서고 있다. 그들은 남들과 같은 자료에서 남다른 관점을 발견하는 힘을 가졌다.

어떤 관점으로 세상을 바라보느냐에 따라 글의 수준이 달라진다. 그렇다면 관점은 무엇으로 어떻게 키워나가는가? 관점은 관찰력의 결과다. 관찰력은 감수성에서 비롯된다. 감수성을 키우는 가장 좋은 방법은 글쓰기다.

거꾸로 정리해보자. 글쓰기는 감수성을 강화해서 자신만의 관점을 만들어내는 토대가 된다. 글쓰기는 창의성의 근원이다. 글쓰기는 농부가 밭을 일구듯 관찰한 결과로 얻은 머릿속의 생각을 갈고 닦는 과정이다. 글쓰기는 창의성을 가다듬고 키우는 훈련의 시간이다. 다시 말해 글을 쓰면 관점이 생기고, 관점이 생기면 더 좋은 글을 쓸 수 있게 된다는 말이다.

주위에서 벌어지는 일상적 사건을 새로운 시선으로 바라보라. 책이 아니라 벌어지는 사건에 주목해라. 사건 속에서 새로운 관점의 씨앗이 움튼다. 새롭고 독특한 관점이 글의 생명수가 된다. 일상의 생활 속에서 벽을 문으로 만드는 통찰과 안목이 필요하다.

창의적인 글쓰기를 하는 사람들은 데이터를 모으고 편집하고 통합하고 응용하는 데 능한 이들이다. 당신도 당신만의 '꺼리'를 채집하고 쌓아두어야 한다.

독서를 생활화 하라. 김수영, 신영복, 유발 하라리의 생각을 글로 옮기며 그들의 관점을 추론해보라. 허진호와 왕가위가 표현한 사랑의 방정식이나 르네 마그리트와 살바도르 달리, 라팔 올빈스키의 연상력을 비교해보라. 자신만의 영역을 개척할 기초 체력이 될 것이다.

구조주의 인류학자 레비스트로스가 말한 브리콜라주bricolage도 같은 개념이다. 그는 1962년 남미의 원주민들을 연구한 〈야생의 사고La Pensée sauvage〉에서 미개 원주민들은 정글 속을 걷다가 무언가를 발견하고 심상치 않은 느낌이 들면 일단 자루에 주워 담았다고 기술했다. 실제로 그것들은 나중에 공동체를 위기에서 구한 일이 종종 있었다는 것이다. 이런 예측 능력은 그들의 존속에 결정적인 영향을 끼쳤다.

인간은 1만 6천 가지 색을 식별할 수 있다고 한다. 세상에는 무궁무진한 쓸거리가 존재한다. 그러나 우리는 너무 적게 생각한다. 여기저기에서 자료부터 저장해라. 기록하고 분류해라. 언젠가 빛나는 보석이 될 것이다.

당신만의 보석함을 만들어라

데이터나 정보의 저장용으로 구글 킵을 추천한다. 찍은 사진 속에 담긴 문자를 그대로 내려받을 수 있다. '이미지에서 텍스트 가져오기' 기능을 사용하면 된다. SNS로 전송하는 기능, 음성녹음이 지원되는 것은 물론이다.

이미지와 문자를 결합해 자신의 관점을 만드는 훈련은 '세줄일기' 앱을 쓰면 좋다. 찍은 사진에 세 줄 안쪽의 자신만의 관점을 써서 올리면 된다. 다른 이들의 관점을 살펴보는 이점이 따라온다.

인용하고 묘사하고 비유하는 긴 글쓰기는 '브런치' 앱을 추천한다. 개인들의 창의적 관점들이 엄청나게 쌓인 곳이다. 가입 자격을 얻었다면 당신의 필력도 인정받은 셈이다.

영상과 사진, 문장에 음악까지 입힌 영상 콘텐츠를 만들려면 클립 등 스마트폰 자체의 앱도 있고 네이버 블로그 속의 모먼트나 인스타그램 속의 릴스를 쓰면 된다. 30분이면 배울 정도로 쉽다. 심심풀이 삼아 당신의 여정을 동영상으로 만들어 주위에 선물해보라. 동영상의 시대, 뜻밖의 환영을 받을 것이다.

지지자보다 호지자, 호지자보다 낙지자라고 했다. 즐기다 보면 어느 날 사람들이 몰려드는 카피 쓰기의 전문가가 될 것이다.

요즘 카피 바이블

초판 1쇄 인쇄 2022년 11월 21일
초판 1쇄 발행 2022년 11월 28일

지은이 김시래
펴낸이 이부연
책임편집 백운호
디자인 하니리브로, 김숙희

펴낸곳 (주)스몰빅미디어
출판등록 제300-2015-157호(2015년 10월 19일)
주소 서울시 종로구 내수동 새문안로3길 30, 세종로대우빌딩 916호
전화번호 02-722-2260
인쇄·제본 갑우문화사
용지 신광지류유통

ISBN 979-11-91731-37-8 03320

- (주)스몰빅미디어는 여러분의 원고 투고를 기다리고 있습니다. 출판하고 싶은 원고가 있는 분은 sbmedia15@gmail.com으로 기획 의도와 간단한 개요를 연락처와 함께 보내주시기 바랍니다.
- 스몰빅인사이트는 (주)스몰빅미디어의 인문/정치사회/경제경영 브랜드입니다.